Projet d'une loi portant défense d'apprendre à lire aux femmes

Établissement de l'édition,
notes et postface par
Michelle Perrot

Couverture de
Olivier Fontvieille

ÉDITIONS MILLE ET UNE NUITS

SYLVAIN MARÉCHAL
n° 522

Texte intégral

La présente édition a été établie d'après
Projet d'une loi portant défense d'apprendre à lire aux femmes
par S** – M***
à Paris, chez Massé, éditeur, rue Helvétius, n° 580,
An IX, 1801.

L'orthographe a été modernisée.

Notre adresse Internet : www.1001nuits.com

ISBN : 978-2-75550-003-5

Sommaire

SYLVAIN MARÉCHAL

Projet d'une loi portant défense d'apprendre à lire aux femmes

Aux chefs de maison, aux pères de famille, et aux maris.

Qui plus que vous doit sentir la nécessité et l'urgence de la Loi dont le Projet vous est adressé, et soumis à votre prudence ? Les bons ménages deviennent rares ; et c'est vous, les premiers, qui portez la peine des préjugés et des abus qui ont envahi l'éducation des femmes.

Vous tiendrez donc la main à ce Règlement ; il vous intéresse plus peut-être encore que les femmes qui en sont l'objet principal.

Les puissances mâles et femelles du Bas-Empire de la Littérature, vont s'agiter à la promulgation de la présente Loi. On prononcera *malédiction* sur le Législateur indiscret et téméraire. Déjà en butte aux prêtres, comment n'a-t-il pas craint de leur donner les femmes de lettres pour auxiliaires ? La coalition des femmes de lettres et des prêtres ; c'est une rude chose ; mais que pourra-t-elle si les bons esprits, si les têtes saines opposent leur égide, et placent cette Loi sous le bouclier de la raison ?

Les bonnes mères de famille, les excellentes femmes de ménage, les épouses sensibles, les jeunes filles naïves et toutes naturelles, vengées enfin du méprisant abandon où on les reléguait, sauront peut-être quelque gré au Rédacteur de cette Loi, et rendront justice à la pureté de ses intentions.

Nous ne sommes point dupes (s'écrieront quelques flatteurs des femmes) des ménagements qu'on prend ici pour faire entendre que les deux sexes ne doivent pas être rangés précisément sur la même ligne, dans la grande échelle des êtres, et qu'il faut placer un sexe au-dessous de l'autre.

Il faut répondre : ce n'est point là du tout la pensée du Législateur des femmes. Dans le plan qu'il s'est tracé de la nature, il n'y a pas un seul être inférieur à un autre. Toutes les productions sorties de ses mains sont autant de chefs-d'œuvre ; et parmi une infinité de chefs-d'œuvre, il serait absurde d'établir ou de supposer des préférences.

Les deux sexes sont parfaitement égaux ; c'est-à-dire, aussi parfaits l'un que l'autre, dans ce qui les constitue. Rien dans la nature n'est comparable à un bel homme, qu'une belle femme.

Ajoutons pour finir : il n'y a rien de plus laid au monde qu'un homme singeant la femme, si ce n'est une femme singeant l'homme.

Ce Projet de Loi ne pouvait paraître plus à propos, qu'au moment où l'on s'occupe de l'organisation définitive des études.

Vous remarquerez que dans son rapport, si estimable, sur l'Instruction publique, Chaptal [1] garde le plus profond silence touchant les femmes; il ne leur suppose aucunement la nécessité d'apprendre à lire, à écrire, etc. Partagerait-il l'opinion que leur esprit naturel n'a pas besoin de culture?

Nota. Celles d'entre les femmes qui prendront à cœur ce projet de Loi, pourront se permettre les réclamations, et sont invitées à les adresser au Rédacteur : il s'empressera d'y faire droit, autant que possible.
Mais il prévient qu'il ne répondra aux injures, que par son silence accoutumé : des injures ne sont point des raisons.

1. Jean-Antoine Chaptal (1756-1832), chimiste, industrialiste convaincu (*De l'industrie française,* 1819), est le fondateur de la Société d'encouragement de l'industrie nationale; ministre de l'Intérieur de 1801 à 1804, il présenta un rapport sur l'Instruction publique soucieux d'enseignement professionnel et muet sur l'instruction des femmes.

AUX FEMMES

Si l'on vous interdit l'arbre de la science,
Conservez sans regret votre douce ignorance,
Gardiennes des vertus, et mère des plaisirs;
À des jeux innocents consacrez vos loisirs, etc.

MOTIFS DE LA LOI

Considérant :

1°. Que l'amour honnête, le chaste hymen, la tendresse maternelle, la piété filiale, la reconnaissance des bienfaits, etc., sont antérieurs à l'invention de l'alphabet et de l'écriture, et à l'étude des langues, ont subsisté, et peuvent encore subsister sans elles.

Considérant :

2°. Les inconvénients graves qui résultent pour les deux sexes, de ce que les femmes sachent lire.

Considérant :

3°. Qu'apprendre à lire aux femmes est un hors-d'œuvre, nuisible à leur éducation naturelle : c'est un luxe dont l'effet fut presque toujours l'altération et la ruine des mœurs.

Considérant :

4°. Que cette fleur d'innocence qui caractérise une vierge, commence à perdre de son velouté, de sa fraîcheur, du moment que l'art et la science y touchent, du moment qu'un maître en approche. La première leçon que reçoit une jeune fille est le premier pas qu'on l'oblige à faire pour s'éloigner de la nature.

Considérant :

5°. Que l'intention de la bonne et sage nature a été que les femmes exclusivement occupées des soins domestiques, s'honoraient de tenir dans leurs mains, non pas un livre ou une plume, mais bien une quenouille ou un fuseau.

Considérant :

6°. Combien une femme qui ne sait pas lire est réservée dans ses propos, pudibonde dans ses manières, parcimonieuse en paroles, timide et modeste hors de chez elle, égale et indulgente... Combien, au contraire, celle qui sait lire et écrire a de penchant à la médisance, à l'amour-propre, au dédain de tous ceux et de toutes celles qui en savent un peu moins...

CONSIDÉRANT :

7°. Combien il est dangereux de cultiver l'esprit des femmes, d'après la *Réflexion morale de La Rochefoucauld*[1] qui les connaissait si bien : « L'esprit de la plupart des femmes sert plus à fortifier leur folie que leur raison. »

CONSIDÉRANT :

8°. Que la nature elle-même, en pourvoyant les femmes d'une prodigieuse aptitude à parler, semble avoir voulu leur épargner le soin d'apprendre à lire, à écrire.

CONSIDÉRANT :

9°. Que le joli babil des femmes dédommagera avec usure de l'absence de leur style.

CONSIDÉRANT :

10°. « Que chaque sexe a son rôle. Celui de l'homme étant d'instruire et de protéger, suppose une organisa-

---

1. François, duc de La Rochefoucauld (1613-1680), avait de mauvais rapports avec Mazarin et participa à la Fronde des Princes. Il fréquentait les salons de la marquise de Sablé, de Madame de La Fayette, de Mademoiselle de Scudéry, et participa à la fabrication de « l'honnête homme », dont ses *Réflexions ou sentences et maximes morales* (1663) sont en quelque sorte le code.

tion forte dans toutes ses parties. Le rôle de la femme doit être bien moins prononcé. Douceur et sensibilité en sont les deux principaux caractères. Tous ses droits, tous ses devoirs, tous ses talents se bornent là, et ce lot vaut peut-être bien l'autre. »

(Galerie des Femmes célèbres, in-4°.*)*

Considérant :

11°. « Que la société civile, dans la distribution de ses rôles, n'en a donné qu'un passif aux femmes. Leur empire a pour limites le seuil de la maison paternelle ou maritale. C'est là qu'elles règnent véritablement. C'est là que, par leurs soins journaliers, elles dédommagent les hommes des travaux et des peines qu'ils endurent hors de leurs foyers. Compagnes tendres et soumises, les femmes ne doivent prendre d'autre ascendant que celui des grâces et des vertus privées ; et ce plan de conduite, conforme à la nature, a constamment rendu heureuses celles qui ont eu le bon esprit de ne pas porter leurs vues plus haut. La félicité du genre humain repose, toute, sur les mœurs domestiques. »

(Galerie des Femmes célèbres, in-4°.*)*

Considérant :

12°. Que les hommages que le premier sexe s'est fait une douce habitude de rendre à l'autre, ne sont point adressés au savoir des femmes, mais seulement à leurs grâces et à leurs vertus.

CONSIDÉRANT :

13°. Que les femmes qui se targuent de savoir lire et de bien écrire, ne sont pas celles qui savent aimer le mieux.

« L'esprit et le talent refroidissent le cœur. »

S...

CONSIDÉRANT :

14°. Que la coquetterie d'esprit est dans les femmes un travers qui, comme l'autre coquetterie, mène au ridicule, et quelquefois au scandale.

CONSIDÉRANT :

15°. Que si la belle *Aspasie* [1] n'eût point été à la hauteur des lumières acquises de *Périclès*; *Périclès* ne voyant en elle qu'une femme aimable, destinée aux délassements d'un homme d'État, Athènes n'aurait point

1. Aspasie (470-410 avant J.-C.), née à Milet, célèbre pour son esprit et sa beauté, fut la compagne de Périclès, dont elle eut un fils. Elle avait ouvert à Athènes, où elle fut toujours une étrangère, voire une *hétaïre*, une école de philosophie, ouverte aux femmes, que fréquentait Socrate. Elle fut une rare figure d'intellectuelle dans la Grèce antique.

achevé de perdre ses mœurs sous le gouvernement tacite d'une courtisane.

CONSIDÉRANT :

16°. Que si *Louise Labé* [1] ou la *belle Cordière* de Lyon, n'avait point eu la manie des vers, la chronique du temps ne se serait point hasardée de signaler ainsi cette femme : « Elle avait une prédilection particulière pour les poètes et les savants, les préférant aux grands seigneurs et leur faisant courtoisie plutôt *gratis,* qu'aux autres pour grand nombre d'écus ; aussi leur communiquait-elle privément les pièces les plus secrètes qu'elle eût. »

CONSIDÉRANT :

17°. Que *Marguerite de Navarre* [2], première femme de Henri IV, aurait été moins galante, si elle n'avait pas su écrire.

---

1. Louise Labé (1526-1565), épouse d'un riche cordier de Lyon, avait reçu une éducation fort soignée. Elle tint un salon littéraire que fréquentaient poètes – tel Maurice Scève – et humanistes français et italiens. Elle publia des élégies et des sonnets où elle chante le plaisir amoureux. D'où sa réputation sulfureuse. Certains mettent aujourd'hui en doute son existence. Sans preuve véritable.
2. Marguerite de Navarre (1492-1549), ou d'Angoulême, sœur de François Ier, épouse du duc d'Alençon, puis du roi de Navarre, cette femme humaniste, proche des évangélistes, protégea les écrivains et les artistes. Elle fut notamment l'auteure de l'*Heptaméron,* recueil de

Une femme qui tient la plume pense être en droit de se permettre plus de choses que toute autre femme qui ne connaît que son aiguille.

CONSIDÉRANT :

18°. Que si *Catherine de Médicis* n'avait point su lire, il n'y aurait point eu en France de journée de la Saint-Barthélémy.

CONSIDÉRANT :

19°. Que si la duchesse de *Longueville* [1] n'eût été qu'une bonne ménagère, sans culture et sans lettres, elle n'eût point abusé de son ascendant sur le grand *Turenne,* au point de faire tourner la tête et les armes de ce général contre sa patrie.

CONSIDÉRANT :

20°. Que si l'on n'eût point appris à lire aux femmes, celles de l'hôtel de *Rambouillet* [2] ne se seraient

nouvelles relatant les conversations entre des voyageurs isolés par un orage (*cf.* Lucien Febvre, *Amour sacré, amour profane. Autour de l'Heptaméron* (1944), Gallimard, « Folio Histoire », 1996).

1. Anne-Geneviève de Bourbon-Condé, duchesse de Longueville (1619-1679), fille du prince de Condé et de Charlotte de Montmorency, sœur du Grand Condé, fut une héroïne de la Fronde, une adepte de Port-Royal et une grande amoureuse, notamment de La Rochefoucauld.

2. L'hôtel de Rambouillet était celui de Catherine de Vivonne, marquise de Rambouillet (1588-1665), qui, dans sa célèbre « chambre

pas donné le ridicule ineffaçable de préférer *Voiture* à *Corneille* et *Pradon* à *Racine.* Ce qui prouve en même temps que les femmes qui savent lire ne sont pas, en fait de littérature, meilleurs juges que les autres.

CONSIDÉRANT :

21°. Que si madame *Guyon* [1] s'était contentée d'être jolie, sans apprendre à lire, elle n'aurait point égaré le beau génie de *Fénelon* : le cœur seul du plus sensible de tous les prélats se serait permis une tendre faiblesse.

CONSIDÉRANT :

22°. Les risques que court l'innocence d'une jeune fille livrée aux leçons d'un grammairien peu sage.

On ne trouve plus des *Origène* [2] d'humeur à cesser d'être homme pour apprendre impunément à lire aux jeunes filles et aux jeunes femmes d'Alexandrie.

---

bleue », réunit, surtout entre 1620 et 1640, son apogée, la fine fleur de la poésie et du langage : Vincent Voiture (1598-1648), « l'âme du rond », le tragédien Nicolas Pradon (1632-1698), Corneille qui y lit Polyeucte, Mademoiselle de Scudéry (1608-1701), auteur de romans à succès, Tallemant des Réaux, etc. C'est l'ancêtre des salons.

1. Madame Guyon (Jeanne-Marie-Bouvière de la Mothe) (1648-1717) voulait faire du quiétisme, pensée mystique qui privilégie le contact direct avec Dieu par l'oraison, une nouvelle Église. Amie de Fénelon, qui la révérait, elle fut condamnée, enfermée, et termina sa vie dans le silence.

2. Origène (185-252/54), disciple de Clément d'Alexandrie et père

CONSIDÉRANT :

23°. Combien la seule conjugaison du verbe *amo*, «*j'aime*», a occasionné de chutes.

CONSIDÉRANT :

24°. Combien une jeune fille qui sait lire a de peine à résister à la tentation de jeter les yeux sur les lettres d'amour d'un séducteur éloquent.

CONSIDÉRANT :

25°. Combien les romans et les ouvrages de dévotion font de ravage dans le tendre cerveau des femmes.

CONSIDÉRANT :

26°. Combien la lecture est contagieuse : sitôt qu'une femme ouvre un livre, elle se croit en état d'en faire ;

« Et femme qui compose en sait plus qu'il ne faut. »

(Molière.)

---

de l'exégèse biblique, fut un célèbre théologien. Dans son école de Césarée maritime, il enseignait aux femmes comme aux hommes et, pour prévenir tout scandale, se châtra.

CONSIDÉRANT :

27°. Que l'érudition de madame *Dacier*[1] la fit changer de sexe ; elle oublia dans ses discussions savantes toute l'aménité du sien.

CONSIDÉRANT :

28°. Que la culture des lettres n'eût pas le pouvoir d'adoucir l'humeur violente, le caractère emporté et le brusque abord de mademoiselle de *Gournay*[2], la fille d'alliance de Michel Montaigne.

CONSIDÉRANT :

29°. Que si madame de la *Suze*[3] n'avait point été poète, nous aurions quelques jolis vers de moins ; mais

1. Madame Dacier (Anne Le Fèvre) (1651-1720), née à Saumur, latiniste et helléniste, amie de Mademoiselle de Scudéry, elle traduisit l'*Iliade*, Aristophane, Térence. Mariée à André Dacier, mère de trois enfants, elle mena avec lui la vie exceptionnelle d'un couple érudit et solidaire.
2. Marie de Gournay (1565-1645) apprit le latin et le grec, découvrit les écrits de Montaigne, le rencontra en 1588, puis devint sa disciple passionnée et son héritière spirituelle. On lui doit la première édition des *Essais* et des textes où elle défendait l'égalité des sexes (*Égalité des hommes et des femmes,* 1622).
3. Henriette de Coligny, comtesse de la Suze (1618-1673) fut à la fois écrivaine et rebelle. Elle fut l'auteur d'une importante œuvre poétique, où elle revendiqua le droit d'écrire et d'aimer librement. Elle fit annuler un second mariage imposé, jalonné d'amours

elle n'aurait point donné à ses contemporains et à la postérité le contagieux exemple d'un ménage en désordre, à force d'esprit.

CONSIDÉRANT :

30°. Que madame de *Villedieu*[1], veuve de trois maris, et auteur de douze volumes, n'en fut pas moins galante : les Muses ne lui apprirent pas à mettre plus d'harmonie dans sa conduite.

CONSIDÉRANT :

31°. Que pour l'ordinaire, une femme perd de ses grâces et même de ses mœurs, à mesure qu'elle gagne en savoir et en talents.

Pour peu qu'elle sache lire et écrire, une femme se croit émancipée, et hors de la tutelle où la nature et la société l'ont mise pour son propre intérêt.

---

tumultueuses. « Si on m'avait mariée comme j'eusse voulu, je ne ferais pas ce que je fais. »

1. Madame de Villedieu, née Marie-Christine Desjardins (1632-1683), malheureuse en amours, et auteure à succès. Par son choix du roman court, épistolaire, para-autobiogaphique, elle joua un rôle prépondérant dans l'évolution de ce genre littéraire.

CONSIDÉRANT :

32°. Que la cause supprimée, l'effet tombe de lui-même : ainsi, les femmes ne sachant plus lire, ne nous offriront plus le risible travers de ces diplomates femelles, qui du fond d'un boudoir, *Le Publiciste* à la main, disposent des empires, font la part aux rois, aux républiques, etc.

CONSIDÉRANT :

33°. Que la qualité de *femme qui sait lire,* n'ajoute rien aux titres sublimes et touchants de *bonne fille, bonne épouse* et *bonne mère,* ni aux moyens d'en remplir les devoirs doux et sacrés.

CONSIDÉRANT :

34°. Que la place d'une femme n'est point sur les bancs d'une école, encore moins dans une chaire de théologie, de physique ou de droit, comme il s'est vu plus d'une fois à Bologne, en Italie.

CONSIDÉRANT :

35°. Que le cardinal *Barbarigo* [1] ne voulut jamais permettre à la savante *Hélène Lucrece-Piscopia Cornara* de se

1. Jean-François Barbarigo (1658-1730), né à Venise, fut deux fois ambassadeur à la Cour de Louis XIV. Cardinal et évêque de Vérone,

faire recevoir membre de l'université de Padoue ; persuadé qu'il était qu'un chapeau de fleurs ou de plumes, sied beaucoup mieux sur la tête d'une femme qu'un bonnet de docteur.

CONSIDÉRANT :

36°. Que les femmes ayant reçu une organisation physique plus frêle et un caractère moral moins décidé que les hommes ; l'étude des lettres n'est pas un puissant moyen de donner de la force et de l'énergie. De l'aveu des philosophes eux-mêmes, les lettres énervent quand elles ne corrompent point.

Fénelon [1] a dit :

« Les femmes ont, d'ordinaire, l'esprit encore plus faible que les hommes. »

(Voyez son *Traité de l'éducation des filles.*)

---

puis de Padoue, il fit de l'université de cette ville un foyer d'érudition qui, à ses yeux, excluait les femmes.

1. François Salignac de la Mothe (1651-1715), archevêque de Cambrai, rival de Bossuet, qui lui reprochait ses sympathies pour la piétiste Madame de Guyon. Conseiller de Madame de Maintenon, Fénelon écrivit un *Traité de l'éducation des filles* (1687), mélange de novation et de tradition. Précepteur du duc de Bourgogne, petit-fils de Louis XIV et dauphin, il écrivit à son intention les *Aventures de Télémaque* (1699), qui lui valurent d'être banni de la Cour.

CONSIDÉRANT :

37°. Que les femmes les mieux instruites, les plus savantes n'ont jamais enrichi les sciences et les arts d'aucune découverte.

« Il n'y a jamais eu de femmes inventrices », dit *Voltaire* dans ses *Opinions encyclopédiques.* L'invention de la gaze n'est pas même due à une femme.

CONSIDÉRANT :

38°. Que, quoi qu'on en ait dit, l'esprit et le cœur ont un sexe comme le corps dans la dépendance duquel ils sont tous deux, le moral et le physique étant unis d'une intimité si étroite qu'ils ne font qu'un.

CONSIDÉRANT :

39°. La mort précoce de plusieurs jeunes filles que leurs mères avaient condamnées à l'étude des langues et à d'autres sciences toutes aussi peu compatibles aux forces et aux goûts naturels d'une jeune personne.

CONSIDÉRANT :

40°. Que presque toujours quand les femmes tiennent la plume, c'est un homme qui la taille. Le mathématicien *Clairaut* [1] rendit ce service à Madame du *Châtelet* [2]...

Colletet [3] faisait les vers de sa servante, devenue sa femme.

Considérant :

41°. Que, les femmes n'étant assujetties à aucune charge publique, à aucune fonction administrative, n'ayant pas même droit aux fauteuils de l'*Institut,* elles n'ont nul besoin de savoir lire, écrire...

Considérant :

42°. Que les femmes ont trop d'occupations dans leur ménage, pour trouver du temps de reste et à perdre en lectures, écritures...

1. Alexis Clairault (1713-1765) fut un éminent mathématicien et physicien, auteur de *Théorie de la figure de la terre* (1743) et de *Théorie du mouvement des comètes* (1760). Il aida Émilie du Châtelet à traduire les *Principes mathématiques* de Newton, en corrigeant les épreuves et vérifiant les calculs.
2. Gabrielle Émilie Le Tonnelier de Breteuil, marquise du Châtelet (1706-1749). Mariée, mère de trois enfants, durant quinze ans amante de Voltaire, Émilie fut une mathématicienne exceptionnelle, liée à Clairaut, Bernoulli, Réaumur, et traductrice de Newton. Elle laissa plusieurs ouvrages scientifiques et une volumineuse correspondance. (*Cf.* Élisabeth Badinter, *Émilie ou l'Ambition féminine au XVIIIe siècle,* Flammarion, 2006.)
3. Guillaume Colletet (1598-1659), avocat et poète, fut nommé par Richelieu à l'Académie française. Il épousa successivement ses trois servantes. Très épris de l'une d'elles, Claudine Le Nain, il voulut en faire une poétesse et composa des poèmes signés d'elle.

CONSIDÉRANT :

43°. « Que les douces fonctions de la vie privée sont assez multipliées pour occuper toute entière une femme de mérite ; et que celle qui embrasse la profession d'écrire, n'est pas moins ridicule que ces soldats qui pendant les loisirs de la caserne, prennent l'aiguille de la marchande de modes, ou le tambour de la brodeuse. »

(*Galerie universelle des Hommes illustres,* in-4°.
Art. Voltaire. *Notes.*)

CONSIDÉRANT :

44°. Qu'il y a scandale et discorde dans un ménage, quand une femme en sait autant ou plus que le mari.

CONSIDÉRANT :

45°. Combien doit être difficile le ménage d'une femme qui fait des livres, unie à un homme qui n'en sait pas faire.

CONSIDÉRANT :

46°. Combien la première éducation des enfants, nécessairement confiée à leur mère, souffre quand la mère est distraite de ses devoirs par la manie du bel esprit.

« La couvée est mal tenue, quand la poule veut chanter aussi haut que le coq », dit un vieux proverbe.

CONSIDÉRANT :

47°. Que l'art de plaire et la science du ménage ne s'apprennent pas dans les livres.

L'Art d'aimer d'*Ovide*[1] n'a rien appris aux femmes.

CONSIDÉRANT :

48°. Combien il est ridicule et révoltant de voir une fille à marier, une femme en ménage ou une mère de famille enfiler des rimes, coudre des mots, et pâlir sur une brochure, tandis que la malpropreté, le désordre ou le manque de tout se fait sentir dans l'intérieur de la maison.

CONSIDÉRANT :

49°. Qu'une femme, pour ne point savoir lire, n'en est pas moins estimable, moins digne d'être aimée, moins

1. Ovide, poète latin (43 avant J.-C. –17 après J.-C.), fut l'auteur réputé des *Métamorphoses,* et de *L'Art d'aimer*, qui célèbre les voluptés de la chair.

en état de remplir toutes ses obligations d'épouse, de mère, de parente et d'amie.

Au contraire, qu'un époux de bon sens trouve plus de véritables jouissances auprès d'une femme naturelle et sans lettres, qu'avec une autre, remplie de prétentions au savoir et aux applaudissements.

Considérant :

50°. Combien un maître de maison, jaloux de remplir les devoirs de l'hospitalité, est confus, quand il a pour épouse et compagne une femme plus occupée de livres et de manuscrits que des détails du ménage : tout s'y fait mal, ou mal à propos; la table est mal servie; le lit est mal dressé; et le voyageur, en partant, plie les épaules, et se dit tout bas : « Que les dieux me préservent d'une maison dont la maîtresse sait lire ! »

Considérant :

51°. Qu'une femme peut se passer de savoir lire, pour savoir vivre, pour être polie et prévenante envers les étrangers, pour faire les honneurs d'une table, pour être l'âme d'une fête, pour donner un sage avis dans une assemblée de famille, pour calmer les emportements d'un mari, pour ramener à la sagesse un fils égaré, ou une fille surprise par un suborneur, etc., etc.

CONSIDÉRANT :

52°. Combien les femmes deviennent négligentes, paresseuses, hautaines, exigeantes, acariâtres, peu soumises, pour peu qu'elles sachent lire et écrire ; combien est insoutenable celle qui vise à l'esprit ou au savoir, celle qui parle comme un livre.
(Voyez le 6e Considérant.)

CONSIDÉRANT :

53°. Que depuis qu'on rencontre dans toutes les professions, des femmes qui savent lire, la nourrice fait jeûner son nourrisson ; la marchande néglige son comptoir, et la cuisinière son service ; l'ouvrière commence plus tard et finit plus tôt sa journée ; la coiffeuse distraite brûle la blonde chevelure de sa dame ; la garde-malade et l'épicière-droguiste tuent leurs malades par des quiproquos ; et la jeune fille devenue raisonneuse, dit que sa maman radote, et traite son papa de bonhomme.

CONSIDÉRANT :

54°. Que si jamais les femmes n'avaient su lire, ni écrire... *Juvénal*, *Molière* et *Boileau* ne se seraient point armés contre elles des verges de la satire.

CONSIDÉRANT :

55°. Que si jamais les femmes n'avaient osé porter la main à l'arbre de la science, *Salomon* ou *saint Paul* n'auraient jamais trouvé de motifs pour parler d'elles en ces termes :

Melior est iniquitas viri, quam mulier benefaciens.

CONSIDÉRANT :

56°. Que le sage Salomon qualifie de *Femme forte,* non pas la *femme esprit fort,* ou *bel esprit,* « mais celle qui emploie avec intelligence le lin et la laine, tourne le fuseau, et donne par année deux paires d'habits à ses serviteurs des deux sexes. »

(Ce sont les propres termes de la Sainte Bible.)

CONSIDÉRANT :

57°. Que *dire* son chapelet est aussi méritoire devant Dieu que de *lire* son office du matin et de l'après-midi.

CONSIDÉRANT :

58°. Que dans les premiers temps, la lecture de la Bible, elle-même, était interdite aux Juives; c'est pour cela qu'on ne leur apprenait point à lire.

La sage *Noémi* [1] et sa fille, la touchante *Ruth*, ne savaient point lire; *Ruth* dut la main de *Booz* à son aimable ignorance.

CONSIDÉRANT :

59°. Que la fille d'*Œdipe*, la sensible *Antigone*, n'eût point besoin d'apprendre à lire, pour devenir le chef-d'œuvre de la piété filiale : à sa place, la savante Sappho [2] n'eût probablement pas été la compagne aussi assidue, aussi imperturbable de son malheureux père.

CONSIDÉRANT :

60°. Que *Sappho* eût conservé sa réputation, si elle n'eût jamais su écrire : du moins on n'aurait jamais parlé d'elle, au grand scandale de son sexe.

1. Noémi, de Bethléem, était la belle-mère de Ruth la Moabite. Veuves et pauvres, elles quittèrent leur pays, s'embauchèrent sur les terres de Booz qui s'éprit de Ruth et l'épousa. Ils furent les ancêtres de David. La Bible célèbre les mérites de ces femmes fortes.
2. Sappho naquit au VIIe siècle avant J.-C. à Mytilène, sur l'île de Lesbos. Célèbre pour sa poésie, souvent citée quoique mal connue, son esprit pionnier et son amour des femmes. D'où le nom de lesbiennes donné aux femmes homosexuelles.

CONSIDÉRANT :

61°. Que les femmes beaux-esprits consentirent difficilement à suivre l'exemple de la jeune *Érinne* [1] : cette contemporaine de *Sappho*, mais plus sage, pour ne point fâcher sa mère, ne se permit de composer qu'un seul poème dont le sujet était l'éloge de la Quenouille.

CONSIDÉRANT :

62°. Que chez les sages *Égyptiens*, sur les bords du Nil, on ne voyait pas, comme sur les rives de la Seine, les femmes sortir de leurs maisons et quitter le berceau de leurs enfants, pour aller apprendre à lire à l'école d'un pédant ex-moine.

CONSIDÉRANT :

63°. Que les *Amazones* (dont pourtant il faut blâmer et repousser l'institution martiale, si étrangère aux mœurs naturelles des femmes), les *Amazones* qui étonnèrent les héros de leur temps par une bravoure égale à la leur, ne savaient pas lire.

1. Érinne, disciple et amante de Sappho, fut l'auteure de poèmes en dialecte dorien, *La Quenouille,* mais aussi *Le Fuseau.* Sappho et Erina furent célébrées dès le XVIIe siècle par Madeleine de Scudéry comme la figure du couple d'amies, ancêtres des lesbiennes.

CONSIDÉRANT :

64°. Que les Vierges *lacédémoniennes* [1], dans des ballets décents, savaient enflammer le courage des jeunes *Spartiates*, et ne savaient pas lire.

CONSIDÉRANT :

65°. Que parmi les occupations des femmes des héros de l'Antiquité, on leur recommandait avant tout, de faire de la toile.

Dans *Homère*, elles mettent leur vanité, non pas à savoir lire ou écrire, mais bien à filer.

Théocrite, pour donner une haute idée de la belle *Hélène*, dit qu'elle filait mieux que toutes ses femmes.

CONSIDÉRANT :

66°. Que *Pénélope* si fidèle à son mari voyageur, savait, en tissant jour et nuit, repousser les amants qui l'assiégeaient, et ne savait pas lire.

1. Filles de Sparte (ou Lacédémone), les Lacédémoniennes avaient une éducation différente des Athéniennes, plus sportive, orientée vers la procréation.

CONSIDÉRANT :

67°. Qu'*Andromaque*, l'épouse du vaillant *Hector*, si touchante dans *Homère*, quand elle fait ses adieux au héros son époux, ne savait pas lire.

CONSIDÉRANT :

68°. Que la princesse *Nausicaa*, la fille du roi *Alcinoüs*, lavait, elle-même, les habits de son père, et ne savait pas lire.

Si elle avait su tenir la plume, peut-être que la princesse royale eût dédaigné de lever le battoir.

CONSIDÉRANT :

69°. Que les *Sabines* n'eurent pas besoin de savoir lire, pour réconcilier sur le champ de bataille, les deux peuples féroces auxquels elles appartenaient par le sang et par l'hyménée.

CONSIDÉRANT :

70°. Que la chaste *Lucrèce* [1], qui se poignarda pour ne point survivre au déshonneur du lit conjugal, ne savait pas lire.

---

1. Lucrèce, femme de Collatinus, neveu de Tarquin l'Ancien, incarne les vertus de la matrone romaine : la frugalité domestique,

Les fils de Tarquin la trouvèrent chez elle, et bien avant dans la nuit, occupée au milieu de ses femmes, à travailler, de ses mains, à des ouvrages de laine.

CONSIDÉRANT :

71°. Qu'*Horace*, pour ramener aux devoirs de leur sexe les dames de Rome, leur propose les *Sabines*, excellentes ménagères qui ne savaient pas lire.

CONSIDÉRANT :

72°. Que cette Romaine qui allaita sa mère condamnée à périr de faim dans un cachot, ne savait pas lire : « C'était une femme de peuple, *humilis in plebe,* » dit Pline le naturaliste.

Le sénat romain lui décerna une statue ; les mêmes honneurs ne furent point rendus à Sulpicie, faiseuse de satyres.

CONSIDÉRANT :

73°. Que, quand l'ange *Gabriel* descendit du firmament, pour annoncer à *Marie* (l'épouse de *saint Joseph*) la conception d'un Dieu dans ses flancs virginaux,

---

la chasteté, la fidélité conjugale. Violée par Sextus Tarquin, elle se suicida pour sauver publiquement son honneur. Tite-Live fait d'elle la seconde fondatrice de Rome, après les Sabines.

Gabriel ne surprit point la bonne vierge faisant une lecture ; elle réparait les chausses de son époux, car son ignorance avait trouvé grâce devant le Saint-Esprit.

CONSIDÉRANT :

74°. Que *Mahomet*, qui aimait tant les femmes, ne voulait point qu'elles sussent lire ; plus sage en cela que son malheureux prédécesseur (voyez l'évangile des deux sœurs *Marthe* et *Marie*, selon *saint Luc*, chap. X, verset 38).

Les épouses de *Mahomet*, et la célèbre *Fatime* [1], sa fille, ne savaient pas lire.

Il n'est pas même bien prouvé que *Mahomet* lui-même sût lire. Son ignorance n'empêcha pas qu'il ne devînt le fondateur d'une grande religion.

CONSIDÉRANT :

75°. Que la reine *Zénobie* [2], moins savante, eût été moins ambitieuse, et par conséquent n'eût jamais consenti qu'on assassinât son époux.

1. Fatima, dite aussi Zohra l'éblouissante, était la fille préférée de Mahomet et de sa première femme Khadija. Elle épousa Ali, cousin de Mahomet, dont elle eut deux garçons et deux filles. Elle est vénérée en islam, surtout par les chiites.
2. Zénobie (?-274 avant J.-C.) succéda à son mari Odenat à Palmyre dont elle tenta de faire une cité brillante, centre d'un royaume indépendant de Rome. Belle, cultivée, audacieuse, elle rappelle

CONSIDÉRANT :

76°. Que nos *Gauloises*, toujours consultées utilement par nos bons aïeux dans les affaires les plus délicates, les plus épineuses, ne savaient pas lire.

CONSIDÉRANT :

77°. Que *Charlemagne*, qui le premier, en France, ouvrit des écoles, en législateur profond, n'y appela point les femmes. Et cet empereur-roi prêcha d'exemple : il ne donna à ses filles d'autre éducation que celle de coudre et de filer.

CONSIDÉRANT :

78°. Que dans les siècles brillants de la chevalerie, époque si honorable et si glorieuse pour les femmes, elles n'avaient pas besoin d'apprendre à lire pour inspirer les braves : il suffisait de leur beauté et de leur vertu.

Cléopâtre dont elle se revendiquait. Elle fut vaincue par Aurélien, à l'issue d'un long siège en 272. Assignée à résidence à Tibur, près de Rome, elle refusa de se soumettre et fut finalement étranglée par ses esclaves. Elle incarne la femme arabe séduisante et rebelle.

CONSIDÉRANT :

79°. Que *Jeanne d'Arc* sut bien délivrer la France, sans savoir lire.

CONSIDÉRANT :

80°. Qu'avant cette héroïne, la bergère de Nanterre qui sauva Paris en trouvant grâce devant *Attila, Geneviève,* ne savait pas lire ; quoiqu'un peintre niais l'ait représentée gardant ses moutons, l'Évangile à la main.

CONSIDÉRANT :

81°. Que plusieurs d'entre les reines de France ne savaient pas lire ; et ce ne furent pas les plus intrigantes.

Madame de *Maintenon*[1] qui avait des prétentions au savoir et à la politique, rapetissa, comme on sait, le génie de *Louis le Grand,* et compromit le salut de l'État.

1. Madame de Maintenon, Françoise d'Aubigné (1635-1719), gouvernante des enfants du roi et de Madame de Montespan, fut dès 1675 la maîtresse de Louis XIV, qu'elle épousa secrètement dans la nuit du 9 au 10 octobre 1683 à Versailles. Sylvain Maréchal reproduit ici l'opinion défavorable du duc de Saint-Simon, dont les *Mémoires* sont très critiques pour celle que la Palatine appelait « a vieille ripopée ».

CONSIDÉRANT :

82°. Que le cardinal de *Retz*, un jour, se désista d'une criminelle attaque, vaincu par les larmes d'une villageoise vertueuse ; le prélat n'eût peut-être pas même eu de combat à soutenir avec une fille lettrée.

CONSIDÉRANT :

83°. Que l'amour de la science n'a pas la vertu de refréner les passions ; témoin *Christine*, reine de Suède qui fit assassiner son amant sous ses yeux dans la galerie de Fontainebleau.

CONSIDÉRANT :

84°. Combien la science mal digérée donne de bile.

Antoinette Bourignon [1], l'une des femmes qui fit le plus de livres, fut par cela même l'une des femmes les plus maussades, les plus difficiles à vivre.

1. Antoinette Bourignon (1616-1680), née à Lille, mystique, visionnaire, fut l'auteure de vingt-deux volumes d'écrits religieux. Elle se croyait appelée à restaurer le christianisme primitif par la formation d'une « république des parfaits », dont elle se fit la missionnaire dans le nord de l'Europe.

CONSIDÉRANT :

85°. Combien les charmantes lettres de Madame de *Sévigné*, et les poésies gracieuses de Madame *Deshoulières*[1] ont fait de mauvaises copies.

CONSIDÉRANT :

86°. Que la belle *Laure*, dont les chastes appas firent tant d'impression sur le cœur de *Pétrarque*, et qui nous valut tant de beaux vers de ce poète sensible, ne savait pas les lire.

« C'était, disent les historiens du temps et du pays, une pastourelle naïve, qui ne savait que garder un troupeau. »

CONSIDÉRANT :

87°. Que la belle et riche *Marguerite Sarrochia*, dame de Naples, aurait pu vivre longuement et être honorée de ses compatriotes : quelques talents en littérature lui inspirèrent tant de vanité qu'elle mourut jeune, flétrie par le chagrin, et chargée du mépris public.

1. Madame Deshoulières, Antoinette du Ligier de la Garde (1638-1694), fut une femme de lettres, amie de Madeleine de Scudéry et de Madame de Sévigné. Elle écrivit de nombreux poèmes, idylles (l'*Idylle des moutons*) et églogues. Surnommée la « dixième Muse », elle fut une des premières femmes admises dans une académie provinciale.

CONSIDÉRANT :

88°. Que si milady *Montaigue*, l'épouse de l'ambassadeur anglais à Constantinople, n'eût su ni lire ni écrire, elle n'eût point dégradé les lettres en repoussant d'un style de corps-de-garde, l'imputation vraisemblable que lui fit *Pope*[1] d'avoir reçu les honneurs du mouchoir dans la caserne des Janissaires.

Nous compterions un recueil de lettres curieuses de moins, et une femme estimable de plus.

CONSIDÉRANT :

89°. Que les *Américaines* du midi portent seules tout le poids du ménage, et accouchent sans douleur ; elles seraient moins robustes, moins saines, moins laborieuses, si elles savaient lire.

Il est prouvé que les *Femmes-Auteurs* sont moins fécondes que les autres.

L'exemple de *sainte Brigitte*[2], mère de douze enfants et auteur de douze volumes, ne prouve rien : l'exemple d'une *sainte* n'est qu'une exception.

1. Alexander Pope (1688-1744) fut un poète anglais célèbre, esprit libre, galant, théoricien du goût et satiriste mordant. Il fut l'auteur de poèmes philosophiques, tels l'*Essai sur la critique* (1709), l'*Essai sur l'Homme* (1733) et de satires, comme *La Boucle de cheveux enlevée*...
2. Sainte Brigitte de Suède (1303-1373), née d'une noble famille suédoise, fut mariée à Ulf à treize ans et mère de huit enfants.

CONSIDÉRANT :

90°. Combien il est choquant dans le langage ainsi qu'en morale, d'être obligé de donner aux femmes des qualifications masculines, telles que *Mademoiselle est auteur, Madame est amateur,* ou bien :

« Les femmes *Beaux-Esprits,* n'ont pas un bon esprit. »

(S...)

Cette dissonance grammaticale tend à prouver que les femmes semblent abjurer leur sexe, quand elles exercent les professions que ces mots désignent.

CONSIDÉRANT :

91°. D'ailleurs, qu'empêcher les femmes d'apprendre à lire, c'est un grand pas de fait pour arrêter la multiplication des livres, et pour opérer une salutaire réforme dans la littérature tombée en quenouille.

CONSIDÉRANT :

92°. Ce que les auteurs de la *Galerie universelle des Hommes illustres* placent dans la bouche de Voltaire :

Veuve, elle fonda une congrégation religieuse, eut plusieurs « révélations » et entreprit de ramener le pape à Rome. Son influence spirituelle et politique fut considérable. La « prophétesse du Nord » a été déclarée « patronne de l'Europe », par Jean-Paul II en 1991.

« Du moment que le sexe, né pour plaire, eut la prétention de vouloir instruire, la morale et la littérature allèrent en décadence. »

(*Galerie universelle,* in-4°.)

Considérant :

93°. Combien l'esprit naturel des femmes qui ne demande point à être cultivé, baisse de son prix, pour peu que l'art en approche.

Qui ne préfère, aux airs factices du serin, au jargon étudié de la pie ou du perroquet, le chant libre et sans apprêt du rossignol ?

Considérant :

94°. Qu'il n'est pas très nécessaire aux femmes d'apprendre l'*ABC* pour se former le jugement ; puisque *Molière* se trouvait bien de consulter sa *servante,* laquelle ne savait pas lire.

Malherbe [1] aussi prenait l'avis de sa ménagère.

1. François de Malherbe (1555-1628), né à Caen d'une noble famille protestante, fut le poète officiel de Henri IV. Demeuré en faveur auprès de Louis XIII et Richelieu, il entreprit d'épurer et de discipliner la langue française, son obsession. Hostile à la poésie baroque, il œuvra pour le classicisme et reçut à ce titre les hommages d'écrivains ecclésiastiques. « Enfin Malherbe vint », dit Boileau.

CONSIDÉRANT :

95°. Que dans les campagnes, beaucoup de fermières intelligentes gouvernent elles-mêmes l'intérieur et le dehors de la ferme, sans savoir lire.

CONSIDÉRANT :

96°. Qu'une jardinière qui ne sait pas lire, mais qui dans chaque saison, fait éclore les fleurs les plus brillantes, est préférable à ces dames occupées matin et soir de l'assortiment de leurs pensées.

CONSIDÉRANT :

97°. Que les femmes insisteraient en vain sur la nécessité d'apprendre à lire, puisque *Du Guesclin* lui-même, connétable de France et le plus grand homme de son siècle, ne savait ni lire, ni écrire.

(Voyez *Mémoire sur l'ancienne chevalerie*, par Sainte Palaye, in-4°.)

CONSIDÉRANT :

98°. Que les femmes douées d'un bon esprit seront les premières à consentir la présente loi, quand elles en auront pesé les motifs dans leur sagesse, et dans l'intérêt qu'elles inspirent. Elles verront dans cette mesure urgente et nécessaire, non pas une extension du despotisme viril, mais bien plutôt un rappel à la raison.

CONSIDÉRANT :

99°. Ce proverbe hébreu :

« Toute l'habileté d'une femme est dans sa quenouille » – et ce proverbe français :

« Femme sage
reste à son ménage. »

CONSIDÉRANT :

100°. Ce qu'on lit dans Aristote :

« La femme ne doit penser qu'à la conservation de ce qui se trouve dans l'intérieur de la maison. »

(*Les Économiques.*)

CONSIDÉRANT :

101°. La solidité de ces paroles de *Fénelon* :

« Les filles qui ont de l'esprit s'érigent souvent en savantes et en précieuses; elles lisent tous les livres qui peuvent nourrir leur vanité, et se remplissant l'esprit de je ne sais quelles idées chimériques, elles se gâtent même par là pour le monde. »

(*Éducation des Filles,* 1687.)

CONSIDÉRANT :

102°. Le grand sens renfermé dans ces paroles du P. *Malebranche*[1] :

« C'est aux femmes à décider des modes, à discerner le bon air et les belles manières; elles ont plus de science, d'habileté et de finesse que les hommes sur ces choses. Tout ce qui dépend du goût est de leur ressort; mais, etc. »

(*Recherche de la vérité.*)

CONSIDÉRANT :

103°. Ce passage considérable de la première *Encyclopédie* :

« On pourrait douter si l'étude des lettres ne coûte point aux femmes un peu d'innocence. »

(Art. *Femmes,* in-s°.)

CONSIDÉRANT :

104°. Que *Desmathis* a dit, d'après les anciens :

1. Nicolas Malebranche (1638-1715), de l'Oratoire, était philosophe, mathématicien, théologien, cartésien, soucieux de métaphysique. *De la recherche de la vérité* (1674-75) est son œuvre majeure. Les cartésiens niaient la différence intellectuelle des sexes. « L'esprit n'a pas de sexe », disait Descartes.

« La gloire d'une femme est de vivre ignorée » – *et de rester ignorante,* aurait dû ajouter Desmathis, pour dire tout ce qu'il pensait.

CONSIDÉRANT :

105°. De quel poids est cette autre citation de *Michel Montaigne* :

« La plus utile, la plus honorable science d'une mère de famille est la science du ménage. »

« Si les bien nées (les dames) me croient, elles se contenteront de faire valoir leurs propres et naturelles richesses... Que leur faut-il, que vivre aimées et honorées ? Elles n'ont et ne savent que trop pour cela. »

(*Essais,* III, 3.)

CONSIDÉRANT :

106°. Ce qu'a dit *Balzac* :

« J'aimerais mieux avoir une femme qui eût de la barbe, qu'une femme qui eût du savoir. »

CONSIDÉRANT :

107°. La valeur de ce mot de *Saint-Évremont* [1] :

1. Charles de Saint-Évremond (1614-1703), né en Normandie, mort à Londres, où sa vie politique frondeuse et des options libertines l'obligèrent à s'exiler. Épicurien, sceptique, cet « honnête homme »

« On se défend d'une savante, mais on ne se défend point d'une femme : on a quelque estime sèche et stérile pour la capacité de l'une ; mais le cœur s'allume pour les agréments de l'autre. »

(*S. Evremonia.*)

« … À Paris, il y a des femmes qui écrivent et qui font des livres ; les plus sages font des enfants. »

(*Idem*, p. 388.)

CONSIDÉRANT :

108°. En outre, l'autorité de ce passage, tiré de la *Bibliothèque des femmes* (1759, in-12.) :

« Partout les lois, en réservant aux hommes la plume et l'épée, ont semblé borner le sexe aux soins du ménage. »

CONSIDÉRANT :

109°. L'autorité plus grave encore de J.-J. *Rousseau*, dans une *Note (K)* de sa lettre à *d'Alembert*, qu'il serait par trop dur de reproduire ici. Il nous sera plus doux de rapporter la citation suivante du plus éloquent des philosophes :

---

s'exprimait dans une abondante correspondance et des opuscules nombreux, réunis sous le titre d'*œuvres mêlées* (dites ici *S. Evremonia*), riches en aphorismes variés.

« Est-il au monde un spectacle aussi touchant, aussi respectable que celui d'une mère de famille entourée de ses enfants, réglant les travaux de ses domestiques, procurant à son mari une vie heureuse et gouvernant sagement sa maison, etc. »

Considérant :

110°. La justesse de ce passage :

« La fluidité du sang et l'agilité des esprits animaux rendent les femmes incapables d'apporter une attention sérieuse à tout ce qui est un peu abstrait ; et le dégoût qu'elles sentent pour tout raisonnement suivi, prouve la délicatesse de leur imagination, qui n'a pas la force de soutenir cet effort. »

(*Du Bel Esprit,* 1695, Paris.)

Considérant :

111°. Que quelqu'un a dit :

« L'étude et les livres ne servent qu'à rendre une femme insupportable. »

(*P. Com.*)

Un écrivain plus moderne encore a dit :

« Le défaut du siècle est d'avoir le cœur sec et de tout faire avec l'esprit, défaut particulier aux femmes. »

CONSIDÉRANT :

112°. Ce qu'Homère met dans la bouche de Jupiter s'adressant à Vénus :

« Contentez-vous des jeux, des rires et des appas.
Présidez aux amours... »

(*Iliade*, V.)

... *Mais n'étudiez pas !*

pourrait-on ajouter, en généralisant la citation et en l'appliquant à toutes les femmes.

« Renoncez (dit le continuateur d'Homère) renoncez à un dessein dont l'exécution surpasse vos forces, et reprenez dans l'intérieur de vos maisons et les toiles, et les ouvrages propres à votre sexe. »

(*Quintus*, de Smyrne, trad. par *Tourlet*, ch. I, t. I, in-8°, 1800.)

CONSIDÉRANT :

113°. Enfin la justesse et la convenance de ces bons vers :

« Il n'est pas bien honnête, et pour beaucoup de
[causes,
Qu'une femme étudie et sache plusieurs choses.
Former aux bonnes mœurs l'esprit de ses enfants,
Faire aller son ménage, avoir l'œil sur ses gens,
Et régler sa dépense avec économie,
Doit être son étude et sa philosophie.
Nos pères sur ce point étaient gens bien sensés

Qui disaient qu'une femme en sait toujours assez...
Les leurs ne lisaient point, mais elles vivaient bien ;
Leurs ménages étaient tout leur docte entretien,
Et leurs livres un dé, du fil et des aiguilles,
Dont elles travaillaient au trousseau de leurs filles ;
Les femmes d'à présent sont bien loin de ces mœurs ;
Elles veulent écrire, et devenir auteurs... »

(Molière.)

TEXTE DE LA LOI.

EN CONSÉQUENCE :

I.

La Raison *veut* (dût-elle passer pour vandale), que les femmes (filles, mariées ou veuves) ne mettent jamais le nez dans un livre, jamais la main à la plume.

II.

La Raison *veut* :

À l'homme – l'épée et la plume.
À la femme – l'aiguille et le fuseau.
À l'homme – la massue d'Hercule.
À la femme – la quenouille d'Omphale.
À l'homme – les productions du génie.
À la femme – les sentiments du cœur.

III.

La Raison *veut* que chaque sexe soit à sa place, et s'y tienne.

Les choses vont mal, quand les deux sexes empiètent l'un sur l'autre.

La lune et le soleil ne luisent point ensemble.

(S.)

IV.

La Raison *ne veut pas* plus que la langue française, qu'une femme soit auteur : ce titre, sous toutes ses acceptions, est le propre de l'homme seul.

V.

La Raison *veut* que les sexes diffèrent de talents comme d'habits.

Il est aussi révoltant et scandaleux de voir un homme coudre, que de voir une femme écrire; de voir un homme tresser des cheveux, que de voir une femme tourner des phrases...

VI.

La Raison *maintient* ce vieux proverbe :

« Les paroles sont des femelles, les écrits sont des mâles. »

En ce qu'il semble faire les parts et assigner à chacun des deux sexes le talent qui lui convient.

N.B. Toute la sagesse des nations est dans leurs proverbes.

VII.

La Raison *veut* que l'on dispense les femmes d'apprendre – à lire,
à écrire,
à imprimer,
à graver,
à scander,
à solfier,
à peindre, etc.

Quand elles savent un peu de tout cela, c'est trop ordinairement aux dépens de la science du ménage.

VIII.

La Raison *veut* donc que la plume à écrire et le pinceau, le crayon et le burin, soient interdits à la main des femmes ; l'aiguille à coudre et le fuseau, à la main des hommes.

IX.

La Raison *veut* que dans les arts du dessin, de la peinture et de la gravure, les femmes ne perdent pas le temps à porter leurs prétentions au-delà de celles de la sensible *Dibutade*[1].

Cette jeune beauté de Sycione traça sur la muraille, à la lueur d'une lampe, le pourtour de l'ombre de son jeune ami, obligé de faire un long voyage.

(Voyez l'*Histoire naturelle* de Pline, XXXV, 12.)

X.

La Raison et la Décence *n'approuvent point* du tout que de jeunes dessinatrices passent des journées entières à contempler et à copier les belles proportions de l'*Apollon* du Louvre, ou du *Lantin*, ou de l'*Hercule Farnèse*, etc.

« Périssent tous les arts, plutôt que la pudeur ! »

(S...)

XI.

La Raison *veut* que les femmes, dans leurs loisirs, apprennent naturellement à chanter, sans livres et sans

1. En reprenant le mythe de la création de la peinture, selon Pline, Sylvain Maréchal souligne ce qui lui paraît l'ordinaire des rôles sexuels : la fille inspire, le père fabrique et crée.

maîtres ; mais qu'elles ignorent toute leur vie combien il y a de notes dans la musique, de lettres dans l'alphabet, de syllabes dans un vers alexandrin ou pentamètre.

Les femmes sont nées pour être aimables et *vertueuses*, et non pour devenir des *virtuoses* et des savantes.

XII.

La Raison *veut* que les maris soient les seuls livres de leurs femmes ; livres vivants, où nuit et jour elles doivent apprendre à lire leurs destinées.

« Il serait bienséant et honorable (dit un vieux livre) d'ouïr une femme qui dirait à son mari : mon ami, tu es mon précepteur, mon maître de philosophie, etc. »

(*Institution de l'homme,* 1626, p. 441, in-8°.)

N.B. Une femme bel-esprit et auteur de cinq à six gros livres, vint rendre visite à une mère de trois filles et de trois garçons :

« Voici, dit la mère de famille (en présentant ses enfants et leur père à la dame-auteur), voici mes productions et ma bibliothèque. »

XIII.

La Raison *veut* que les femmes sachent leur langue maternelle, seulement :

« C'est une vanité aux femmes (a dit quelqu'un) de parler une langue étrangère. »

(*Lettre à une demoiselle,* p. 149, in-12, 1737.)

XIV.

La Raison *veut* que l'on fasse grâce aux femmes de l'étude aride et sèche de la grammaire ; les femmes étant destinées à des occupations plus agréables et moins stériles.

XV.

La Raison *veut* aussi que l'on dispense les femmes des éléments non moins ingrats de la géographie et de l'histoire ; leur mémoire fragile porte mal le fardeau des dates et d'une lourde nomenclature.

Quel inconvénient, d'ailleurs, à ce que les femmes fassent des *anachronismes* ?

XVI.

La Raison *veut* que les femmes n'apprennent point à lire aux astres : qu'elles comptent les œufs de la basse-cour, et non les étoiles du firmament !

XVII.

La Raison *veut* que l'on interdise aux femmes la botanique par principes : qu'elles se bornent à la connaissance des plantes potagères et de quelques simples !

XVIII.

La Raison *n'approuve pas* les femmes qui assistent aux leçons de la chimie : les cuisinières qui ne savent pas lire, sont celles qui font la meilleure soupe.

N.B. Le législateur des femmes espère qu'on lui pardonnera ces menus détails. L'utile avant tout.

« Rien n'est vil dans l'intérieur du domestique, pour une femme sage », dit un poète de la Chine.

(Voyez *Mémoires sur la Chine*, t. IV, p. 179, in-4°.)

XIX.

La Raison *souffre* de voir les femmes grossir le troupeau des gens de lettres; elles ont assez déjà des infirmités attachées à leur sexe, sans s'exposer encore à celles de cette profession.

XX.

La Raison *veut* que le médecin d'une femme de lettres lui ordonne, avant tout, de poser la plume et de renoncer aux livres, à tout jamais.

La ni ce de *Descartes* mourut de la pierre, causée par son obstination à l'étude.

Or, le plus beau livre ne vaut pas une femme saine de corps et d'âme.

XXI.

La Raison *veut* que l'on dise toujours *les trois Grâces,* mais que l'on ne dise plus *les neuf Muses*; mythologie injurieuse au sexe, puisqu'elle tend à faire croire que sur douze femmes, on en compte neuf de pédantes, sur trois seulement d'aimables.

« Le goût des lettres chez les femmes (dit *Thomas* [1]) a été regardé comme une sorte de pédantisme. »

(*Essai sur les femmes.*)

---

1. Antoine Léonard Thomas (1732-1785), poète et critique français, lié aux salons, fut renommé pour son éloquence. Dans son *Essai sur le caractère, les mœurs et l'esprit des femmes dans les différents siècles* (1772), il posa la question de la créativité féminine et y répondit par l'image du miroir : la femme est passive et son imagination « quoique vive, ressemble au miroir qui reflète tout, mais ne crée rien ». Texte réédité par Élisabeth Badinter, *Qu'est-ce qu'une femme ?*, POL, 1989.

XXII.

La Raison *déclare* qu'une mère de famille n'a pas besoin de savoir lire, pour bien élever ses filles.

XXIII.

La Raison et la Décence *veulent* qu'une fille reçoive des leçons de sa mère seulement.

L'éducation du sexe n'eut d'abord (dans le temps que Rome était vertueuse) pour objet, que l'économie intérieure de la maison, et les ouvrages que les mères apprenaient *elles-mêmes* à leurs filles.

(*Habitudes et mœurs privées des Romains,* in-8°, pp. 375-376.)

XXIV.

La Raison *n'approuve pas* ces *maisons d'éducation pour les jeunes demoiselles,* où on leur apprend tout, excepté la seule chose qu'elles doivent connaître, la science du ménage.

La belle éducation donnée à Saint-Cyr aux jeunes filles nobles et pauvres, en faisait des femmes pédantes et hautaines.

XXV.

Il n'y aura plus de *maîtresses d'école**.

Cette qualification a quelque chose de pédantesque.

* N.B. Ceci est emprunté à la 984e des lois de Pythagore.

« Ne permettez point à une femme de parler en public, d'ouvrir école, de fonder une secte ou un culte. Une femme en public est toujours déplacée. »

(T. VI des *Voyages* de Pythagore.)

XXVI.

Les femmes lettrées, artistes, virtuoses, etc., ne feront plus d'élèves.

XXVII.

La Raison *veut* que lorsqu'on s'occupera d'une loi sur l'adoption, on se donne de garde d'en accorder l'usage aux femmes lettrées, virtuoses, etc.

XXVIII.

La Raison *veut* que tout fille de bonne maison, avant d'obtenir un mari, fasse preuve de talents utiles.

XXIX.

La Raison *veut* qu'une jeune vierge, instruite par sa mère aux seules vertus privées, aux seuls détails du ménage, et bien pénétrée de l'amour de ses devoirs et du travail, soit dispensée d'avoir une dot pour avoir un mari.

XXX.

La Raison *ne conseille* à personne de choisir pour épouse et compagne la fille d'une femme lettrée.

XXXI.

La Raison *veut* que les épousées ne devant point savoir lire, et par conséquent ne pouvant signer leur contrat de mariage, on se contente de leur consentement verbal devant le magistrat et les témoins.

Une femme bien née ou bien élevée, doit être crue sur sa parole.

XXXII.

La Raison *veut* que l'on grave sur le frontispice des salles de mariage, l'apophtegme suivant :

Demande.

Quel est l'homme le plus heureux ?

Réponse.

L'homme le plus heureux, c'est le mari d'une femme sage sans livres.

XXXIII.

La Raison *recommande* aux époux ce proverbe chinois :

« Cultiver la vertu est la science des hommes; renoncer à la science est la vertu des femmes. »

(*Mémoires sur la Chine,* t. IV, in-4°, p. 148.)

XXXIV.

La Raison *veut* que la surveille des noces, le meilleur ami ou le plus proche parent d'un épouseur, lui répète par trois fois les paroles suivantes, qu'*Euripide* met dans la bouche du jeune *Hippolyte;* et que le trop galant Racine s'est bien gardé de nous transmettre :

« ... Heureux l'époux qui ne voit en sa maison qu'une femme simple ! car le comble du malheur, c'est une femme bel-esprit. Me préservent les Dieux d'une épouse qui sait plus qu'elle ne doit savoir !... »

(Acte III, scène 2, *Phèdre et Hyppolite.*)

N.B. *Phèdre* se piquait de bel-esprit, voire même de philosophie ; *Phèdre*!...

XXXV.

La Raison *veut* que dans le cérémonial du mariage chez les modernes, on imagine quelqu'incident du genre de celui-ci pratiqué par les anciens :

En Béotie, les nouvelles mariées étaient conduites avec pompe à la maison de leur époux, montées sur un char dont on brûlait l'essieu à la porte, afin de leur faire entendre qu'elles n'en devaient plus sortir.

XXXVI.

Dans la Rome ancienne, quand une nouvelle mariée posait le pied sur le seuil de la maison maritale, on lui demandait :

Que savez-vous ?

Elle ne répondait pas : *je sais lire, je sais écrire, je sais peindre,* etc.

Elle disait simplement : *je sais filer.*

La Raison *veut* que l'on renouvelle cet ancien usage.

Les bons usages ne devraient jamais passer de mode.

XXXVII.

La Raison *invite* à compulser le greffe des tribunaux civils et criminels ; on y verra dans le nombre des épouses divorcées beaucoup plus de femmes de lettres, virtuoses, etc., à proportion que d'autres.

Est-ce pour éviter ce scandale que les neuf Muses gardent le célibat?

XXXVIII.

La Raison *veut* qu'une femme soit aussi réservée à montrer en public les trésors de son esprit, que les charmes secrets de sa beauté.

XXXIX.

La Raison *veut* que, pour donner l'exemple, les épouses de nos premiers Magistrats, Sénateurs, Tribuns, Juges, Généraux, etc., aux *thés*, aux *cercles*, aux *conversations* et autres *assemblées* oiseuses, substituent chez elles des *veillées* laborieuses et utiles, où on les verrait avec édification, mettre elles-mêmes la main aux vêtements de leurs augustes époux.

Andromaque et *Pénélope*, femmes de deux héros, ne dédaignaient pas de présider à tous les détails domestiques.

XL.

Les maîtresses de maison pourront coudre un vêtement, pour l'offrir à titre de reconnaissance ou de cadeau à l'homme de lettres, dont elles auront entendu, pendant leurs veillées, un ouvrage rempli de sentiments vertueux et de talent.

La bonne madame *Geoffrin* [1], l'amie de *d'Alembert*, en agissait ainsi; elle faisait présent de hauts-de-chausses de velours aux auteurs qui l'avaient intéressée par leurs lectures.

XLI.

La Raison *veut* que chaque bal soit précédé par quelques heures d'un travail à l'aiguille ou au fuseau.

XLII.

La Raison *interdit* aux femmes les livres d'église : n'ont-elles pas le chapelet et le rosaire ?

XLIII.

La Raison *veut* que les femmes, absolument étrangères aux misérables disputes des prêtres, s'en tiennent à *la religion du cœur*, et ne confessent leurs fautes qu'aux

1. Madame Geoffrin, née Marie-Thérèse Rodet (1699-1777), de modeste origine, se forma auprès de Madame de Tencin. De 1749 à 1777, elle tint deux fois par semaine, rue Saint-Honoré, l'un des plus célèbres salons des Lumières, fréquenté notamment par Voltaire, Diderot, d'Alembert, dont elle subventionna en partie l'*Encyclopédie*. Elle avait un art consommé de la conversation et de la correspondance, qu'elle échangea dans toute l'Europe.

auteurs de leurs jours, ou à leurs maris, seuls juges compétents.

XLIV.

La Raison *invite* ceux qui prennent quelque intérêt à la dignité des lettres, à dissuader les femmes d'envahir un champ qu'elles n'ont point la force de cultiver, comme il veut l'être.

La pensée est chose sainte ; et le feu sacré du génie s'éteindrait tout à fait, s'il était sous la garde même des *Vestales*.

C'est ce qui est arrivé au divin *Homère*, sous la plume de madame *Dacier*.

XLV.

La Raison *veut* que les femmes se contentent d'inspirer les poètes, sans chercher à le devenir elles-mêmes.

Le cheval Pégase ne se laisse bien monter que par un homme.

Une *femme poète* est une petite monstruosité morale et littéraire ; de même qu'une *femme souverain* est une monstruosité politique.

XLVI.

La Raison *défend* aux versificateurs, prosateurs, orateurs, d'enivrer les femmes par un encens perfide qui fait qu'elles se croient nées pour toute autre chose que pour aimer et pour l'être.

Les poètes coupables effaceront ces madrigaux avec leur langue, comme il se pratiquait jadis à Marseille et à Lyon.

Suivant Bayle [1] : « Les femmes sont faciles à gagner par les vers. »

(*Dictionnaire.*)

XLVII.

La Raison *veut* que désormais il soit permis aux courtisanes, *seulement*, d'être femmes de lettres, beaux esprits et virtuoses.

Les plus fameuses courtisanes de la Grèce l'étaient, les deux *Aspasie*, *Rhodope*, *Phryné*, *Lays*, *Thaïs*, *Lamia*; *Hyparchie* [2] était cynique de théorie et de pratique : *Cléonice* composait des livres avec ses amants.

---

1. Pierre Bayle (1699-1777), précurseur des Lumières, fut un apôtre de la tolérance et du libre examen. D'origine protestante, il s'exila après la révocation de l'édit de Nantes et se fixa en Hollande. Il créa un journal, *Nouvelles de la République des lettres*. Parmi ses œuvres majeures : *Pensées sur la comète* (1682), *Dictionnaire historique et critique* (1697), qui servit de modèle à l'*Encyclopédie*.
2. Hyparchie et nombre des « courtisanes » citées par Sylvain

(Aux premiers siècles de l'histoire moderne), « on ne tenait pas pour de véritables vierges les filles qui faisaient de grandes conversations, et qui montraient leur bel esprit. »

(Fleury.)

XLVIII.

La Raison *veut* que les femmes s'abstiennent non pas seulement de la science des livres, mais encore de la science des cartes à jouer, et de l'art de tirer les cartes : ces deux occupations ruineuses, ne supposent ni esprit ni jugement.

XLIX.

La Raison *permettra* aux femmes l'usage des livres, quand les anges seuls se mêleront d'en composer.

« Pourquoi (dit une maxime chinoise) ne pas apprendre à lire aux femmes ? – Parce qu'il y a de mauvais livres. »

(Mémoires sur la Chine, in-4°, t. IV, p. 149.)

Maréchal étaient considérées comme des philosophes, notamment par Gilles Ménage et Manuela Vanay, dans leur ouvrage, *Histoire des femmes philosophes* (1690).

L.

La Raison *veut* que les compagnies savantes et les corps littéraires se refusent au plaisir de compter des femmes au nombre de leurs membres.

Les matrones de Rome ne hantaient pas les gymnases.

La décadence de l'Empire romain date du moment où les femmes se permirent d'assister au cirque, aux amphithéâtres, etc.

Les femmes grecques ne se montraient point aux jeux Olympiques.

« Les femmes (dit le bon *Plutarque*) ne doivent jamais sortir dehors... Leur office est de bien garder la maison. »

(*Œuvres morales.*)

LI.

La Raison *désapprouve* ces listes d'académiciens, grossies par des noms de femmes.

Le nom d'une femme ne doit être gravé que dans le cœur de son père, de son mari, ou de ses enfants.

LII.

La Raison *veut* qu'en attendant l'entier accomplissement de la présente loi, les femmes s'abstiennent de lire, et même d'assister aux séances publiques ou particulières des Instituts, Académies, Cercles ou Sociétés littéraires, Portiques ou Veillées des Muses, Muées, Lycées, Prytanées, Athénées, etc. ; ce n'est pas là leur place : les femmes ne sont bien que chez elles, ou dans une fête de famille.

« Ses spectacles (dit Thomas, en parlant d'une femme estimable) sont ses enfants. »

(Essais sur les femmes.)

LIII.

La Raison *veut* que les femmes ne soient point admises aux tribunes du corps législatif, ni aux séances du tribunat, ni dans le parquet des tribunaux, ni aux fenêtres des maisons avoisinant les places publiques destinées aux exécutions.

Leur présence y serait un contresens.

Une femme ne doit et ne peut paraître avec décence et solennité qu'au tribunal de famille ou de paix.

LIV.

La Raison *veut* qu'une femme puisse voter dans une assemblée de famille ; la Raison désapprouverait fort que les femmes aillent opiner à la tribune d'une assemblée nationale.

Le premier des deux sexes, représentant naturel de l'autre, discute et stipule pour les deux ensemble.

La voix d'une femme parmi des législateurs ferait nécessairement cacophonie.

Qu'elles aillent plutôt au marché !

LV.

La Raison *veut* que, sans avoir égard à la réclamation de *Condorcet*[1] (qui ne fut pas toujours philosophe dans sa conduite et dans ses écrits), les femmes continuent à renoncer au droit de cité, dont elles ne sauraient remplir les devoirs.

Serait-il convenable et décent, par exemple, que les jeunes filles et les femmes montassent la garde, fissent des patrouilles ?, etc.

On retrouve *Condorcet* tout entier, quand il dit, dans la même dissertation :

« Les femmes sont supérieures aux hommes dans les vertus domestiques ; elles sont meilleures, plus sensibles, moins

1. Marie Jean Antoine Nicolas de Caritat, marquis de Condorcet (1743-1794), fut tout à la fois mathématicien, philosophe, politologue, marié à Sophie de Grouchy, femme de sciences. Réformateur, ami de Turgot, libéral, engagé dans la Révolution, il prit la défense des Noirs et des femmes, pour lesquelles il revendiqua l'égalité des droits d'instruction et de vote. Notamment dans *De l'admission des femmes au droit de cité* (1790). Poursuivi pour ses opinions girondines, il s'enfuit, fut arrêté comme suspect, et mourut finalement dans sa cellule. *Cf.* Élisabeth et Robert Badinter, *Condorcet. Un intellectuel en politique*, Fayard, 1988. Sylvain Maréchal rend bien mal justice à ce grand esprit.

sujettes aux vices qui tiennent à l'égoïsme, à la dureté du cœur ; mais... »

(*Journal de 1789*, p. 5, in-8°.)

LVI.

La Raison *veut* que les femmes tiennent le sceptre de la politesse, sans aspirer à celui de la politique.

Une femme serait aussi déplacée sur un trône que dans la chaire d'un évêque.

Que de plaisanteries ne s'est-on pas permises sur la papesse *Jeanne* [1] ?

« Mais *Catherine II*, en Russie », dira-t-on.

Quelle est la femme honnête qui voulût ressembler à cette impératrice immorale ?

La reine *Christine*, elle-même, disait :

« Mon sentiment est que les femmes ne devraient jamais régner. »

(*Mémoires de sa vie, écrits par elle.*)

LVII.

La Raison *veut* que les femmes demeurent, à l'avenir comme par le passé, étrangères aux *ambages* de la diplomatie.

1. La papesse Jeanne aurait usurpé la papauté entre 855 et 857, en cachant son identité sexuelle. Il s'agit d'une légende, énoncée au XIIe siècle, accréditée par l'Église jusqu'au XVIe siècle. *Cf.* Alain Boureau, *La Papesse Jeanne*, Flammarion, « Champs », 1993.

« Ce n'est pas dans les affaires d'État (dit *Théophraste*), c'est dans sa famille qu'une femme doit montrer son esprit et sa prudence. »

(*Caractères.*)

LVIII.

La Raison *veut* que tout citoyen qui aura choisi pour épouse et compagne une femme lettrée ou une virtuose, soit par le fait, regardé comme inhabile à remplir une fonction publique de quelque importance.

Périclès, gouverné par une femme philosophe, ne gouverna point Athènes avec toute la sagesse qu'on attendait de lui. Son administration fut brillante, mais aux dépens de la liberté publique ; et cependant *Périclès* n'avait pas craint d'adresser aux dames d'Athènes le discours suivant, traduit mot à mot :

« Pour ce qui vous regarde, voici quel est mon avis en peu de paroles; n'aspirez qu'à ces vertus qui sont particulières à votre sexe, suivez la modestie qui vous est naturelle; et croyez que le plus grand éloge que vous puissiez obtenir, c'est qu'on ne dise rien de vous ni en bien ni en mal. »

LIX.

La Raison... qui *dispense* les femmes d'apprendre à lire et à écrire, pour empêcher qu'elles n'éludent la présente loi, en dictant les produits de leur imagination à un copiste complaisant, défend à tout homme d'écrire sous la dictée des femmes, excepté une lettre à leurs pères ou à leurs maris absents, ainsi que tout ce qui peut intéresser l'économie domestique.

LX.

La Raison *veut* que tous les bons livres (et ils ne sont pas en si grand nombre) soient *lus aux femmes,* mais non *lus* par *elles.*

LXI.

La Raison *veut* que les chefs de maison, les pères et les maris se fassent un devoir de remplir les fonctions de lecteurs auprès des femmes. Est-il un tableau plus touchant que celui de Greuze [1], représentant un père de famille, lequel assis à une table, fait lecture de la Bible à ses enfants rangés autour de lui ?

LXII.

Chacun des chefs de maison transcrira, pour le lire à sa femme et à ses filles, à tout le moins une fois l'an, le

1. Jean-Baptiste Greuze (1732-1805), présenta *Le Père de famille expliquant la Bible à ses enfants* au Salon de 1755. Ce premier tableau, inspiré de Diderot et de sa représentation de la famille, eut un immense succès.

premier livre des *Économiques* par Xénophon [1]; c'est un chefs-d'œuvre de raison et de sensibilité.

LXIII.

La Raison *veut* qu'un chef de maison réponde à sa femme et à ses filles tentées de lui reprocher le peu d'éducation littéraire qu'il leur donne, par ce passage d'un livre plein de sens, imprimé au commencement du siècle qui vient de finir :

« De toutes les sciences, celle qui convient le mieux aux femmes et à laquelle elles se devraient principalement appliquer, c'est la science des mœurs... Les autres sciences leur sont fort inutiles... L'expérience leur apprend que si elles veulent s'attirer de l'amour, du respect et de la considération, il ne faut pas pour cela qu'elles soient théologiennes, mathématiciennes, physiciennes, rhétoriciennes, historiennes... etc. Les plus instruites dans ces sciences, ne sont pas celles qui plaisent le plus.

(*La Langue,* t. I, pp. 195-196, in-13, 1707.)

1. Xénophon rédiga l'*Économique* vers 380 avant J.-C., alors qu'il était exilé dans le Péloponnèse. Il décrivit et préconisa une stricte division sexuelle des rôles, des travaux et des espaces, garante de l'harmonie de la Cité, et la nécessaire sujétion des femmes.

LXIV.

La Raison *veut* que le père, le mari, les frères et les enfants de chaque maison ne portent d'autres vêtements que ceux filés et tissés de la main des filles et des sœurs, des épouses et des mères.

L'empereur *César Auguste* portait d'ordinaire des habits faits par sa femme, sa sœur et ses filles.

En ce temps-là, on ne voyait point les femmes armées d'une plume et d'une férule, composer des romans et des traités de théologie.

En ce temps-là, on ne voyait point un père et sa fille jouter l'un contre l'autre à qui fera les plus gros livres de finance et de littérature, de morale et de religion, tandis que la mère plus sage et mal imitée, fondait des hospices.

LXV.

En Chine, la femme d'un Lettré ne peut pas employer des mains étrangères pour les habits de son époux ; il faut qu'elle en tire la matière de ses vers à soie, la mette en œuvre et les fasse elle-même.

(Voyez le *Ly-Ki.*)

La Raison *propose* cet exemple aux épouses et compagnes des membres de l'Institut et des autres Sociétés littéraires.

LXVI.

La Raison *veut* que les femmes qui s'obstineraient à faire des livres, ne soient point admises à faire des enfants.

Bayle ne conseille point aux beaux esprits femelles de *s'engager dans les liens du mariage.*

Selon lui : *C'est le sort ordinaire des femmes savantes d'essuyer plusieurs chagrins domestiques...*

(*Dictionnaire.*)

Bayle aurait pu ajouter : et *d'en causer.*

LXVII.

Les hommes ont consacré une fête à la découverte de l'alphabet et de l'imprimerie.

Les hommes et les femmes se réuniront pour célébrer une invention charmante, plus précieuse peut-être encore, et qui certainement n'est point susceptible des mêmes abus, l'invention de la gaze.

LXVIII.

La Raison *veut* qu'on réalise cette ancienne loi proposée par le sage Pythagore au peuple de Crotone.

« Honore la charrue et la quenouille ; consacre-leur une fête chaque année. »

(*Loi,* 2578.)

On conserva, pendant plusieurs siècles, dans un temple, à Rome, la quenouille et le fuseau de *Tanaquil*[1], chargés de la laine que cette reine avait filée. Elle passait pour la plus habile fileuse de son temps.

Les filles romaines qui se mariaient étaient accompagnées pendant le cérémonial d'une personne portant une quenouille garnie.

En Chine, l'impératrice célèbre tous les ans la fête du fuseau.

Filer vaut mieux qu'ourdir des trames politiques ou des cabales littéraires.

LXIX.

La Raison *veut* que dans toutes les assemblées et fêtes publiques, les filles à talent et les femmes de lettres (tant qu'il y en aura) cèdent le pas aux bonnes ménagères et aux mères de famille.

LXX.

La Raison *veut* que le soin de brûler des parfums et de tresser les guirlandes de fleurs et les couronnes

1. Tanaquil fut une reine étrusque légendaire dans la fondation de Rome. Habile à déchiffrer les augures, elle aurait aidé son mari, Tarquin l'Ancien, puis son gendre, Servius Tullius, à prendre le pouvoir. Elle était aussi célèbre comme fileuse et, à ce titre, protectrice des jeunes mariées.

dans les fêtes publiques, soit réservé aux vierges pures et sans lettres.

Les épouses et les mères de famille gardent la maison.

LXXI.

La Raison *veut* que les bonnes actions des filles sages, des épouses vertueuses et des mères de famille soient proclamées, en leur absence, dans les solennités nationales.

On portera chez elles les couronnes qui leur auront été décernées. On leur répétera l'hymne chanté en leur honneur, et non imprimé ; on en confiera la tradition à la mémoire de leurs parents ou de leurs enfants.

LXXII.

La Raison *veut* qu'aux fêtes publiques dans toutes les communes, on proclame, non les femmes auteurs de beaux livres, mais les mères de beaux enfants.

LXXIII.

La Raison *veut* qu'on grave sur la tombe des femmes recommandables par la science et la pratique du ménage, cette belle et antique épitaphe de la reine *Amalasonthe*, non pas la fille de *Théodoric*, roi des

Goths, mais une autre Amalasonthe, beaucoup plus ancienne :

Casta vixit,
Lanam fecit,
Domum servavit.

....

Elle vécut chaste,
Travailla en laine,
Et garda la maison.

LXXIV.

Les auteurs dramatiques sont invités à consacrer leurs talents au but moral de la présente loi. Ils pourront employer tour à tour les armes du sentiment et du ridicule au triomphe de la nature et de l'antiquité, compromises par la mauvaise éducation donnée aux femmes.

LXXV.

Les pères et les maris sont responsables de la stricte observance de la présente loi.

Ils seront, seuls, punis des contraventions de leurs filles et de leurs femmes.

LXXVI.

La présente loi est commise à la garde des pères de famille et chefs de maison.

Chaque père de famille et chef de maison, se procurera un exemplaire de ladite loi, pour être placé à l'endroit le plus apparent du domicile.

LXXVII.

La Raison *veut* que ce projet, pour devenir loi, obtienne la pluralité des suffrages : en conséquence, un vase à scrutin sera ouvert pour recevoir le *oui* ou le *non* des chefs de maison, des pères de famille, et des hommes mariés.

LXXVIII.

Aussitôt que ce projet de loi aura obtenu sa sanction par la pluralité des suffrages, chacun des chefs de maison donnera une fête à sa famille, pour y proclamer ladite loi, dans l'intervalle du repas aux danses.

En même temps, il fera jeter au milieu d'un feu de joie tous les livres et instruments à l'usage de l'éducation factice des femmes. Autour du bûcher, on chantera une ronde composée dans l'esprit des couplets suivants :

Sur l'air : Chantez, danser, etc.

Faut-il tous ces livres poudreux,
Pour être amante, épouse et mère ?
La nature en sait plus long qu'eux ;
Avec le cœur on sait tout faire.
Chantons, dansons, travaillons bien ;
Aimons-nous, le reste n'est rien.

Deux jeunes époux bien portant
Ont-ils besoin de savoir lire,
Pour être auteurs d'un bel enfant
Qui commence par leur sourire ?
Chantons, etc.

Le nouveau-né, certainement,
Peut se passer de la grammaire ;
Sans savoir lire au rudiment,
Il tête et caresse sa mère.
Chantons, etc.

....

ARTICLES SUPPLÉMENTAIRES.

LXXVII.

En attendant que l'on prenne le même parti à l'égard de beaucoup d'autres livres, tous les ouvrages composés par les femmes ou pour elles, seront incessamment réunis en un seul dépôt.

LXXVIII.

Le flambeau de la critique fera, de la plupart de ces nombreux volumes, un sacrifice expiatoire au bon sens.

LXXIX.

Cette mesure, peut-être un peu extrême, a pourtant cela de bon, que par elle cessera nécessairement la distinction des femmes lettrées et de celles qui ne le sont point.

Ce qui mettra fin à la petite guerre sourde qui existe entre elles.

LXXX.

Pour donner un exemple de l'esprit dans lequel on doit procéder à la réforme des livres, on ne conservera de tous les volumes du *Parnasse des Dames,* que les lignes suivantes : « La vie sédentaire des Dames Romaines, uniquement occupées de l'intérieur de leur maison, le soin qu'on prit tout le temps que dura la République, de les élever dans l'ignorance, le profond respect même qu'on leur portait et les honneurs presque divins rendus à celles qui avaient vécu retirées, chastes et laborieuses, étaient autant d'obstacles pour les détourner de l'amour des lettres...

« Les Dames Romaines n'ambitionnèrent le titre de bel esprit et de philosophes, que lorsqu'elles cessèrent de prétendre aux noms plus respectables de mères tendres et d'épouses fidèles, etc.

« Les Dames Romaines ne commencèrent à cultiver les lettres que dans le temps de leur décadence. »

P.-S. Les Chinoises sont aussi peu curieuses de Littérature et d'Histoire que les Européennes, de morale et d'algèbre : leur domestique est leur univers; plus elles s'occupent à le bien gouverner, plus elles sont heureuses et estimées. On aimerait presque autant leur voir prendre un sabre qu'un pinceau (c'est-à-dire une plume) : pour leur en ôter l'envie, on ne leur apprend pas à lire.

(*Mémoires chinois,* in. 4°, t. I, p. 12.)

Encore une petite citation.

« L'étude des langues et des connaissances relevées, loin de rendre une femme utile à sa famille, ne servirait qu'à la distraire et à l'enorgueillir jusqu'au point de négliger le soin des affaires domestiques, de mépriser toute subordination et de maudire la condition de son sexe... Les objets essentiels de l'éducation d'une femme sont [...] la science de tout ce qui inspire la douceur, la modestie, la propreté du corps, etc. »

(P. Vt. Martinelli, *Histoire de la vie civile, t.* I, p. 17, 1769.)

N.B. On remplirait plusieurs volumes *in folio* d'autorités graves, prouvant la nécessité et l'urgence d'une lois dans l'esprit de celle dont nous publions ici le programme.

DISTIQUE
SUR UNE FEMME-HOMME DE LETTRES

« Dédaigneuse et superbe, elle croit tout savoir ; son mari n'est qu'un sot, trop heureux de l'avoir. »

Ph. DESPORTES [1].

AVIS AUX FEMMES.

Voulez-vous que la paix dans vos cœurs se conserve,
Belles, que le travail vous occupe toujours !
Souvent *l'aiguille* de Minerve
Repousse les traits des amours.

PANNARD.

Au temps où nous vivons, deux têtes exaltées
Du sexe féminin outre-passant les droits,
La S**, la G**, deux chèvres Amalthées,
Ont singé les docteurs des peuples et des rois.

Par un savant breton, LEBRIG...

1. Philippe Desportes (1546-1606), abbé de Tiron, lecteur de la chambre du roi et poète, fut surnommé le Tibulle français pour la délicatesse de ses vers.

EXTRAIT
DE LA BIBLIOTHÈQUE DES AMANTS [1]

À UNE FEMME BEL-ESPRIT.

Sur les bancs poudreux de l'école
Non, je n'aimerais pas te voir
Dans les volumes de Barthole
Puiser un pénible savoir.

Ne vante pas tant la science ;
Ève sait ce qu'elle a coûté :
Il est une aimable ignorance
Qui sied bien mieux à la beauté.

La beauté souvent n'est savante,
Hélas ! qu'aux dépens de son cœur ;
Qu'une Agnès est intéressante !
On préfère à tout sa candeur.

De tous les arts, Pallas est mère ;
Pallas pourtant n'eut pas le prix :
Vénus qui ne savait que plaire,
Le reçut des mains de Pâris.

1. *La Bibliothèque des Amans, odes érotiques,* œuvre de Sylvain Maréchal, s. d., VIII, 212 pages, in-16.

Les neuf sœurs sont encore pucelles,
Malgré leurs sublimes esprits;
Moins savantes, nos immortelles
Auraient pu trouver des maris.

Hortense, une longue lunette
Qui fatiguerait tes beaux yeux,
Tirait plus mal qu'une navette
Entre tes doigts industrieux.

Ta bouche, notre idolâtrie,
Faite pour le propos badin,
Deviendrait-elle plus jolie,
Quand tu saurais parler latin?

L'aigle altier porte le tonnerre;
Dans les cieux il a son séjour :
La colombe rase la terre,
Et n'est faite que pour l'amour.

SYLVAIN.

LE DÉCALOGUE
ou
LES DIX COMMANDEMENTS AUX FEMMES

I.

Pour ton Dieu, amour tu auras,
Et serviras honnêtement.

II.

Amour en vain ne jureras
Ni par l'Hymen pareillement.

III.

Foi conjugale garderas
À ton époux dévotement.

IV.

Infidèle point ne seras,
De fait ni volontairement.

V.

Père et mari honoreras
Afin de vivre plaisamment.

VI.

Trop exigeante ne seras
De corps, d'esprit, ni autrement.

VII.

D'autres sciences n'apprendras
Que ton ménage seulement.

VIII.

Romans et vers tu ne feras,
Ni mentiras aucunement.

IX.

Tes enfants tu allaiteras,
Pour être mère absolument.

X.

Vivant ainsi, droit tu iras
En paradis dès ce moment.

SYLVAIN.

Les Paradoxes du berger Sylvain

À première vue, ce texte paraît si caricatural à nos yeux d'aujourd'hui que certains ont cru à un canular, voire à un pamphlet – « vive critique du rapport sur l'éducation, présenté par Chaptal, où il n'est absolument jamais question de l'éducation des femmes », lit-on dans la notice d'un catalogue de librairie. Comment un libre-penseur, un progressiste, auteur du *Manifeste des Égaux,* pouvait-il écrire ce brûlot, ramassis, au demeurant savamment agencé, des arguments les plus éculés contre l'instruction des filles, présentée comme *le péril en la demeure,* grave danger menaçant l'équilibre de la famille et donc de la société ?

Tel n'est pas, cependant, l'avis de son principal biographe, Maurice Dommanget (1950), et de sa plus récente exégète, Geneviève Fraisse (1989)[1]. L'un et l'autre n'ont aucune hésitation sur le premier degré du texte et l'intention de l'auteur, qui dit ce qu'il pense et pense très probablement ce qu'il dit. Et, à l'examen, il n'y a guère de raison de mettre en doute leurs analyses.

C'est ainsi, en tout cas, que l'ont entendu ses contemporains, qui prennent parti pour ou contre lui dans une « querelle des sexes », récurrente depuis le XVIIe siècle[2] et ranimée autour de 1800 par les débats sur l'instruction. Certains le louent et d'autres, plus nombreux, le critiquent. Madame Bernier surenchérit : « La destination des femmes est de faire le bonheur domestique de l'homme, et il est nécessaire, dès l'enfance, de leur faire connaître combien elles sont inférieures aux hommes », écrit-elle. En revanche, l'ex-conventionnel Peyrard prend parti pour *la supériorité de la femme au-dessus de l'homme*[3]. De manière plus incisive, Mesdames Clément-Hemery et Gacon-Dufour s'insurgent. La première, femme exceptionnelle, journaliste et imprimeur, dans un opuscule intitulé *Les Femmes vengées de la sottise d'un philosophe d'un jour*, s'élève « contre les ridicules innovations du sexe masculin » et somme Maréchal de se rétracter sous peine d'être taxé de fou par les deux sexes. La seconde, amie très proche, admiratrice et future biographe de Sylvain, elle-même auteur en 1787 d'un *Mémoire pour le sexe féminin contre le sexe masculin*, s'étonne plus encore. Dans une brochure signée *Par une femme qui ne se pique pas d'être Femme de lettres* (ce qu'elle était), elle attribue à la vanité la prise de position de Maréchal : « L'envie peut être tolérée dans un petit esprit, mais le hardi penseur de son siècle n'a pas besoin d'emprunter ce vice pour faire briller son génie : le rossignol n'est pas jaloux du gazouillement de la fauvette. » Elle aussi expédie Sylvain à l'asile : « Attendu que l'auteur d'un pareil projet de loi ne peut avoir été inspiré que par la folie, il sera envoyé au Comité de santé où il sera traité aux frais de ses partisans jusqu'à que ce que raison lui soit revenue.[4] »

Le camp de l'instruction des femmes semblait avoir progressé. Il comptait dans ses rangs Constance Pipelet (princesse de Salm), la citoyenne Bauer, Thérémin, Beyerlé, et surtout Legouvé[5]. Pourtant le silence de Chaptal, ministre de l'Intérieur, dans son rapport sur l'instruction publique, où il ne parle que de la formation professionnelle des sages-femmes, donnait en quelque sorte satisfaction à Maréchal plus qu'à ses détracteurs. L'éducation des filles était plus que jamais laissée dans l'ombre du privé, confiée aux mères et, bientôt, aux couvents renaissants, ce qui n'aurait guère séduit l'auteur très anticlérical du *Dictionnaire des Athées*.

Ces prises de position de la part de ses contemporains incitent à prendre Sylvain Maréchal au sérieux. D'autant plus que son « projet » fictif est cohérent avec sa pensée de la différence des sexes et sa vision de la société. Disciple de Jean-Jacques Rousseau, il croit à une hiérarchie inscrite dans le corps des femmes. Celles-ci ont « une frêle organisation », une « sensibilité exquise qui, trop souvent dégénère en faiblesse». La Nature, grande ordonnatrice de l'univers, les a destinées aux «occupations paisibles et douces», sous la protection des hommes. Elles sont vouées «à passer toute leur vie sous le toit paternel ou dans la maison maritale», dont le père de famille, héros de Sylvain, est le pilier. «Pour elles, l'univers est leur ménage, pour elles leur mari est toute l'espèce humaine; le reste du monde entier leur est étranger.» Elles n'ont pas d'opinion propre et ne doivent pas en avoir. «Plantes délicates», elles sont faites pour rester en serre. Leurs devoirs sont purement domestiques. Dans les fêtes civiques, elles ne paraîtront que comme «ornements». Si la Révolution est menacée, elles doivent sortir dans la rue pour la défendre, mais rentrer chez elles le plus vite possible. La vie publique n'est pas pour elles. Elles y exercent une influence néfaste, dont Marie-Antoinette a été le pire exemple : Sylvain collabore à la publication de Madame de Kéralio, *Les Crimes des reines*. Il réprouve les clubs de femmes[6] et s'oppose à leur revendication de représentation politique, que soutenait Condorcet. «Citoyennes! Ne sommes-nous donc pas vos *représentants* naturels, vos légitimes chargés d'affaires? Pouvons-nous avoir des intérêts séparés des vôtres? N'êtes-vous pas d'autres nous-mêmes?», écrit-il dans *Les Révolutions de Paris*, le journal de Prudhomme et Loustalot, dont il était rédacteur[7]. Cet argument d'une unité familiale représentée par le seul chef de ménage sera en effet opposé au vote des femmes en 1848 et jusqu'en 1944[8]. Il convient néanmoins d'accorder aux femmes un certain nombre de droits civils, dont celui du divorce, conséquence logique d'un mariage devenu contrat.

Mais certainement pas un droit égal à l'instruction : la question de l'instruction publique et du rôle de l'école étaient très présentes depuis le début de la Révolution française. Il n'était pourtant jamais question des filles, et Chaptal ne fait pas exception à la règle. Pour elles, il était admis que leur seule école était celle du foyer, leur seule institutrice, leur mère. Si l'on admettait certes de plus en plus que la lecture leur était utile, l'écriture paraissait superflue. Sylvain Maréchal « portant défense d'apprendre à lire aux femmes » surenchérit encore. En 1791, Talleyrand avait présenté à l'Assemblée constituante un plan d'éducation qui prévoyait une maison d'éducation et d'instruction par département à l'usage des jeunes filles. Sylvain Maréchal s'y opposa vigoureusement : « Est-ce donc là ces vues nouvelles, grandes et profondes qu'on a tant applaudies? Une fille bien née et convenablement éduquée ne doit sortir de la maison paternelle que pour entrer dans celle d'un époux. C'est aux mères seules à élever leurs filles et aux maris à achever l'éducation de leurs femmes : voilà la méthode de la Nature[9]. » De Rousseau à Michelet, les républicains ne disent guère autre chose, redoutant la corruption des mœurs par l'internat et l'influence de la religion sur les filles. Le mari-père est le seul instituteur, le seul prêtre convenable.

Dix ans plus tard, Sylvain n'a pas changé d'avis, bien au contraire. D'autant plus que les polémiques sur le sujet font rage, avivées par les nécessités de la reconstruction d'un système éducatif, essentiel pour une société post-révolutionnaire en quête d'elle-même, qui arrime la séparation des sphères – le public, le privé – dans la différence des sexes, distincts, complémentaires, hiérarchisés. L'ordre naturel est le seul qui vaille. Comme le dit le *Manifeste des Égaux :* « Qu'il ne soit plus d'autre différence parmi les hommes que celle de l'âge et du sexe », qui, elle, est irréductible. Abolir les inégalités sociales et fonder l'ordre nouveau dans un socialisme agraire dont la communauté rurale et la famille patriarcale seront le pivot : tel est le rêve de Sylvain. Il illustre parfaitement la contradiction entre le social et le sexuel, qui traverse la pensée socialiste du XIXe siècle.

Le « Projet » de 1801 s'inscrit dans la continuité d'une logique, au demeurant partagée par beaucoup. Il repose sur une philosophie de la vie que l'auteur met en forme avec une volonté pédagogique, non dépourvue de verve, mais redondante dans ses ressassements. Rigoureusement complémentaires, Nature et Raison marchent ensemble : la Nature « dit », la Raison « veut ». Cent treize « Considérants » pour la première ; quatre-vingt-deux articles pour la seconde, nourris de références d'une époustouflante érudition, empruntées principalement à l'antiquité gréco-romaine et au XVIIe siècle, comme autant de preuves des malheurs qu'entraînent l'instruction des femmes savantes et le « bel esprit », constamment opposé au « bon esprit ». Chemin faisant, Maréchal trace une galerie foisonnante de portraits de femmes créatrices, plus ou moins oubliées, et *a contrario* démontre l'intensité de leur participation à la construction du savoir. « Présence des femmes dans les sciences et les lettres » : tel pourrait être le titre paradoxal de cet opuscule, qui ferait douter de son énoncé. Que veut-il prouver ? Comment refuser la lecture aux femmes : elles possèdent depuis longtemps cet art dont elles se sont emparées et, s'y opposer, c'est lutter contre le Pacifique[10].

Sylvain Maréchal s'est-il convaincu lui-même de l'absurdité de sa proposition ? Nous ne le saurons jamais. Nous ignorons sa réponse à Madame Hemery et à la chère Madame Gacon-Dufour, son interlocutrice privilégiée. Publié à l'automne 1801, son opuscule eut du succès, suscita la polémique et connut, par la suite, plusieurs rééditions. Ce fut un de ses tout derniers textes. Il mourut en 1803, à la campagne, dans sa maison de Montrouge, où il vivait, avec la pieuse Zoé, sa femme très aimée, entre ses livres, ses amis, ses fleurs et ses chats, aimable épicurien, assez habile pour traverser la Révolution sans trop d'anicroches, pourfendant les rois, les prêtres et les privilégiés, rêvant d'un monde futur qui serait un retour à l'âge d'or d'une société pastorale et patriarcale, paisible, frugale et poétique. Celui des femmes ignorantes et vertueuses, dont l'époux serait « le seul livre » ; la quenouille et le fuseau, les seules plumes ; la maison, l'unique paradis ; et l'amour, la seule pensée.

Michelle PERROT

Notes

1. Voir les repères bibliographiques, pp. 107-109.
2. Geneviève Fraisse, *La Raison des femmes,* Paris, Plon, 1992, notamment « Poullain de la Barre ou le procès des préjugés », pp. 29-49.
3 Sous le pseudonyme de Roetig, Paris, 1803.
4. Sur cette controverse, les textes et leurs références, voir M. Dommanget, *op. cit.*, pp. 389 *sqq.*
5. Constance Pipelet, *Épître aux femmes,* 1797 ; Legouvé, *Le Mérite des femmes,* 1801.
6. Dominique Godineau, *Citoyennes tricoteuses. Les Femmes du peuple à Paris pendant la Révolution française,* Aix-en-Provence, Alinéa, 1988.
7. Cité par Maurice Dommanget, *op. cit.*, p. 194.
8. Anne Verjus, *Le Cens de la famille. Les femmes et le vote (1789-1848),* Paris, Belin, 2002 (avec une préface de Mona Ozouf).
9. *Les Révolutions de Paris,* n° 114, cité par M. Dommanget, *op. cit.*, p. 195.
10. Sur l'aphabétisation des femmes, *cf.* François Furet et Jacques Ozouf, *Lire et Écrire.L'Alphabétisation des Français de Calvin à Jules Ferry,* Paris, Minuit, 1977, 2 volumes.

Vie de Sylvain Maréchal

Naissance à Paris le 15 août 1750, rue des Prêcheurs (quartier des Halles), de Sylvain Maréchal, fils de Pierre Maréchal, marchand de vins, et de Brigitte Meunier. Il a un frère de trois ans plus jeune, Nicolas.

Sylvain fait des études classiques dans un collège catholique ; puis des études de droit. Mais il préfère la littérature. Bègue, il ne pouvait prétendre être avocat et fuyait le monde.

De 1765 à 1788, s'égrènent les années de formation d'un révolutionnaire. Bibliothécaire à la Mazarine, alors bibliothèque d'un collège religieux, Maréchal dévore les livres, anciens et modernes, et acquiert une formidable érudition. Il lit Voltaire, d'Holbach, Condillac et surtout Jean-Jacques Rousseau, et se « convertit » à la philosophie des Lumières, à la Raison et à la Nature. En 1780, il est affilié à la franc-maçonnerie (Grand Orient), fréquente cercles et salons, où il rencontre Lucile Desmoulins, Manon Philippon : la future Madame Roland évoque « le berger Sylvain, petit brun qui s'en va bégayant ». D'où sans doute sa préférence pour l'écrit.

Il publie rapidement ses premières œuvres : des poésies pastorales et amoureuses, *Bergeries* (1770), la *Bibliothèque des Amans* (1777) ; des essais plus politiques, tel *Le Livre de tous les âges* (1779), où il s'affirme républicain, critique les inégalités, le luxe, les superstitions, et esquisse une utopie sociale inspirée de Rousseau, de Mably, de Morelly. Il croit aussi à *L'Âge d'or* (1782). En 1784, *Le Livre échappé au déluge*, anticlérical, lui fait perdre son emploi ; il gagne péniblement sa vie en publiant des compilations (*Costumes civils de tous les peuples connus*) et des almanachs (*Almanach des honnêtes gens*, 1788), où il remplace les saints par les grands hommes et les fêtes religieuses par des fêtes civiles. Il est un précurseur du calendrier révolutionnaire. Ce qui lui vaut d'être enfermé trois mois à Saint-Lazare (janvier-avril 1788).

Pendant la Révolution, il continue d'agir en publiciste. Il écrit de nombreux articles dans *Les Révolutions de Paris*, de Loustalot et Desmoulins, et des opuscules anonymes, anticléricaux – *Le Catéchisme du curé Meslier* (1790), le *Dictionnaire des saintes* –, antiroyalistes, hostiles aux « accapareurs » et aux riches. Sous la Convention, il prend parti pour la mort du roi, et sa pièce de théâtre, *Le Jugement des Rois* (1793), farce sans-culotte assez indécente, rencontre un grand succès. Peu favorable au culte robespierriste de l'Être suprême, il préconise un culte domestique dont le père de famille serait le prêtre, dans la perspective de ce communisme rural et patriarcal dont il rêve.

Également critique des Girondins et des Montagnards, il réussit à échapper aux luttes de factions. Après la chute de Robespierre, il dénonce ce « Néron » et « ceux qui veulent encore révolutionner », sans se rallier pour autant à l'ordre.

Après la Révolution, sa grande affaire est sa rencontre avec Gracchus Babeuf, dont les idées communistes [1] inquiètent le Directoire, ère de restauration sociale. Maréchal participe aux réunions des conjurés et propose en 1796 le *Manifeste des Égaux*, synthèse de ses convictions et de celles de Babeuf et de Buonarotti. Il présente la Révolution française comme avant-courrière d'une révolution sociale bien plus radicale et profonde, fondée sur la communauté des biens et l'égalité de tous. « Plus de propriété individuelle des terres, la terre n'est à personne [...]. Les fruits sont à tout le monde. » « L'instant est venu de fonder la République des Égaux, ce grand hospice ouvert à tous les hommes. » Il voit dans « chaque ménage une petite république », dont le père de famille est le chef et le prêtre. Cet agrarien n'accorde aucune place au commerce et à l'industrie naissante. Son « Manifeste » appartient à la littérature des utopies agraires, nostalgiques du passé. Il inaugure la généalogie des grands « Manifestes » d'un

1. Sur le communisme de Gracchus Babeuf, dont s'inspire Sylvain Maréchal, *cf.* Michèle Riot-Sarcey (dir.), *Dictionnaire des Utopies*, Paris Larousse, 2e édition, 2006, p. 54 sq.

siècle qui croit aux révolutions, non seulement politiques, mais sociales.

Les conjurés sont traduits en justice. La plupart – dont Buonarotti – sont déportés. Sylvain Maréchal s'en sort, une fois de plus.

En 1792, il avait épousé Marie-Anne Nicolas, dite Després, qu'il appelle Zoé, demeurée paroissienne dévote. Ce que cet athée déplore, mais tolère : violent dans ses écrits, il était pacifique et doux de mœurs. En 1800, désireux de « jouir plutôt et plus longtemps de la vue du soleil », et d'avoir de la place pour ses livres, qu'il n'avait cessé de collectionner, il quitte le faubourg Saint-Marceau pour une maison de campagne à Montrouge. Il y vit « médiocrement » mais sereinement, entre son jardin et sa bibliothèque, considérable, en compagnie de sa chère Zoé, de sa belle-sœur et de quelques femmes de lettres, comme Madame Gacon-Dufour, qui sera sa biographe, bien qu'il n'aime pas les femmes-auteurs, et de ses amis, qu'il aime recevoir autour d'une table frugale et gaie. Il apprécie les jeux de société, la lecture des journaux, les promenades dans la nature.

Résolument hostile à Bonaparte, dont il critique l'autoritarisme, le faste et la complaisance pour le clergé, il continue de publier – *Voyages de Pythagore*, *Dictionnaire des Athées* (1799), qui lui vaut l'inimitié des prêtres de retour – et de prendre part aux débats de son temps, ainsi sur l'éducation. Ce *Projet d'une loi portant défense d'apprendre à lire aux femmes*, publié en

1801, à la faveur du rapport de Chaptal sur l'instruction publique, est un de ses derniers textes. Un des plus singuliers.

Sylvain Maréchal meurt le 8 janvier 1803 après une longue maladie, courageusement supportée, comme le sage qu'il voulait être, à la campagne, auprès de Zoé.

Repères bibliographiques

Ouvrages de Sylvain Maréchal

- *L'Âge d'or, recueil de contes pastoraux, par le Berger Sylvain, À Mitylène, et à Paris,* Guillot, 1782.
- *L'Almanach des honnêtes gens. L'An premier du règne de la Raison, pour la présente année,* 1788.
- *Catéchisme du curé Meslier, L'an premier du règne de la Raison et de la Liberté,* 1790.
- *Dame Nature à la barre de l'Assemblée nationale,* Paris, chez les marchands de nouveautés, 1791.
- *Calendrier des Républicains,* rédigé par P. Sylvain Maréchal, auteur de l'*Almanach des honnêtes gens,* Paris, 1793.
- *Le Jugement dernier des rois, prophétie en un acte, en prose,* Paris, an II de la République française.
- *Manifeste des Égaux,* Paris, an V; nombreuses réimpressions dans des recueils; ainsi Alexandre Zévaès, *Les Grands Manifestes du socialisme français,* pp. 11-15; extraits dans la notice biographique du Maitron, *op. cit.*
- *Projet d'une loi portant défense d'apprendre à lire aux femmes,* Paris, Massé, an IX-1801, VII, 106 p., in-8° (cette édition originale a servi de base à la présente édition). Ce texte a eu plusieurs rééditions : Lille, Castiaux, 1841 ; Bruxelles, 1847, chez les principaux libraires, in-12 de 88 p. ; sous un autre titre : *Il ne faut pas que les femmes sachent lire ou projet de loi portant défense d'apprendre à lire aux femmes,* revue et augmentée par G. Sandré, Paris, Librairie Sandré, 1853, 128 p., in-18 ; *Projet d'une loi portant défense d'apprendre à lire aux femmes,* Paris, Delarue, s.d., XV, 143 pages.

Sur Sylvain Maréchal

- *Cf.* l'excellente notice du *Dictionnaire biographique du mouvement ouvrier français,* dirigé par Jean Maitron, Première partie, *1789-1864, t.* IV, p. 39, Éditions ouvrières, 1966.
- Dommanget (Maurice), *Sylvain Maréchal. L'Égalitaire, « L'Homme sans Dieu », (1750-1803). Vie et œuvre de l'auteur du Manifeste des Égaux,* Paris, Spartacus, 1950, 510 p. (l'ouvrage fondamental ; avec une bibliographie exhaustive des œuvres de Sylvain Maréchal).
- Aubert (Françoise), *Sylvain Maréchal, passion et faillite d'un égalitaire,* Pise, Golliardica, 1975.
- Fraisse (Geneviève), *Muse de la Raison. Démocratie et exclusion des femmes en France* (1989), Gallimard, « Folio Histoire », 1995, notamment ch. I, « La Querelle », pp. 21-75.

Sur le socialisme, les utopies

- Lichtenberger (André), *Le Socialisme au* XVIII*e* *siècle. Études sur les idées socialistes dans les écrivains français du* XVIII*e* *siècle avant la Révolution,* Alcan, 1895.
- Riot-Sarcey (Michèle) (dir.), *Dictionnaire des Utopies* (2002), seconde édition, Larousse, 2006.

Sur l'histoire des femmes

- Badinter (Élisabeth), *A. L. Thomas, Diderot, Madame d'Epinay. Qu'est-ce qu'une femme ?*, POL, 1989 ;
  Paroles d'hommes (1790-1793), Paris, 1989 ;
  Émilie ou l'Ambition féminine au XVIII*e* *siècle,* Flammarion (1983), 2006.
- Beauvalet-Boutouyrie (Scarlett), *Les Femmes à l'époque moderne (*XVI*-*XVIII*e* *siècles),* Belin, 2003.

- Duby (Georges) et Perrot (Michelle) (dir.), *Histoire des femmes en Occident,* t. III, XVI*e*-XVIII*e* *siècle,* Arlette Farge (dir.) et *t.* IV, *Le* XIX*e* *siècle,* G. Fraisse et M. Perrot (dir.), Paris, Plon, 1991 ; Perrin, « Tempus », 2001.
- Duchêne (Roger), *Être femme au temps de Louis XIV,* Paris, Perrin, 2004 (accorde une large place à l'enseignement des filles).

♦ FAURÉ (Christine) (dir.), *Encyclopédie politique et historique des femmes*, PUF, 1997 ; en particulier Catherine Larrère, « Le sexe ou le rang ? La condition des femmes selon la philosophie des Lumières », pp. 170-201 ; Jacques Guilhaumou et Martine Lapied, « L'action politique des femmes pendant la Révolution française », pp. 139-168.
♦ FOGIEL (Michèle), *Marie de Gournay. Itinéraires d'une femme savante*, Fayard, 2004.
♦ FOISIL (Madeleine), *Femmes de caractère au XVIIe siècle (1600-1650)*, Éditions de Fallois, 2004.
♦ FRAISSE (Geneviève), *Les Femmes et leur histoire*, Gallimard, 1998.
♦ GODINEAU (Dominique), *Citoyennes tricoteuses. Les Femmes du peuple à Paris, pendant la Révolution*, Aix-en-Provence, Alinéa, 1988 ; *Les Femmes dans la société française, XVI-XVIIIe siècle*, Colin, 2003.
♦ MAÎTRE (Myriam), *Les Précieuses. Naissance des femmes de lettres en France au XVIIe siècle*, Honoré Champion, 1999.
♦ PERROT (Michelle), *Les Femmes ou les Silences de l'Histoire*, Flammarion (1996), 2001 ;
Mon histoire des femmes, Le Seuil, 2006 (ouvrage accompagné d'un cédé).
♦ SONNET (Martine), *L'Éducation des filles au temps des Lumières*, Le Cerf, 1987.

Mille et une nuits propose des chefs-d'œuvre pour le temps d'une attente, d'un voyage, d'une insomnie…

La Petite Collection (extrait du catalogue) 482. Valentine de SAINT-POINT, *Manifeste de la femme futuriste.* 483. Filippo Tommaso MARINETTI, *Tuons le clair de lune !! Manifestes futuristes et autres proclamations.* 484. Patrick BESSON, *La Femme riche.* 485. MARC AURÈLE, *Pensées à moi-même.* 486. Khalil GIBRAN, *Les Cendres du passé et le Feu éternel.* 487. Fernand DIVOIRE, *Introduction à l'étude de la stratégie littéraire.* 488. Alexandre DUMAS, *La Route de Varennes.* 489. Arthur de GOBINEAU, *Les Amants de Kandahar.* 490. David HUME, *Du commerce et du luxe.* 491. Jean-Marc PARISIS, *Renvoi d'ascenseur.* 492. Patrick BESSON, *Zodiaque amoureux.* 493. Sébastien BAILLY, *Le Meilleur des jeux de mots.* 495. PLATON, *Protagoras.* 496. Marcel PROUST, *L'Indifférent et autres textes de jeunesse.* 497. PÉTRONE, *Le Dîner chez Trimalchion.* 498. Alain CRÉHANGE, *L'Anarchiviste et le Biblioteckel. Dictionnaire de mots-valises.* 499. Arthur SCHOPENHAUER, *Au-delà de la philosophie universitaire.* 500. Henry David THOREAU, *La Moelle de la vie. 500 aphorismes.* 501. Jérôme LEROY, *Rêve de cristal : Arques, 2064.* 502. Patrick BESSON, *L'Orgie échevelée.* 503. Paul CÉZANNE, *La Peinture couillarde. Propos choisis.* 504. Léon PINSKER, *Autoémancipation ! Avertissement d'un Juif russe à ses frères.* 505. Claude CAHUN, *Héroïnes.* 506. VOLTAIRE, *Le Fanatisme ou Mahomet le Prophète.* 507. Philarète CHASLES, *Vie de Daniel Defoe.* 508. Emmanuel KANT - Moses MENDELSSOHN, *Qu'est-ce que les Lumières* ? 509. Henry David THOREAU, *De l'esclavage. Plaidoyer pour John Brown.* 510. VOLTAIRE, *Histoire des croisades.* 511. Patrick BESSON, *La Titanic.* 512. Michel CHEVALIER, *Système de la Méditerranée.* 513. Ambroise VOLLARD, *Le Père Ubu à la guerre.* 514. Car Von CLAUSEWITZ, *Principes fondamentaux de stratégie militaire.* 515. Frédéric PAGÈS, *Philosopher ou l'art de clouer le bec aux femmes.* 516. Johann Gottlieb FICHTE, *De la liberté de penser.* 517. Victor HUGO, *Lettres à Léonie.* 518. Jean JAURÈS, *Il faut sauver les Arméniens.* 519. Alfred JARRY, *L'Amour en visites.* 520. Ernest FEYDEAU, *Souvenirs d'une cocodette, écrits par elle-même.*

Pour chaque titre, le texte intégral, une postface, la vie de l'auteur et une bibliographie.

Achevé d'imprimer en avril 2007
sur les presses numériques de l'Imprimerie Maury S.A.S.
Z.I. des Ondes – 12100 Millau

49-27-43-02-0

Dépôt légal ; avril 2007
N° d'édition : 88232 – N° d'impression : D07/40822 P

Imprimé en France